Crecimiento integral en la fe

Discipulado para todas las esferas de la vida

Crecimiento integral en la fe

Discipulado para todas las esferas de la vida

Guillermo Mac Kenzie

Crecimiento integral en la fe: Discipulado para todas las esferas de la vida

Guillermo Mac Kenzie

Publicado en © 2021 por **Proyecto Nehemías**,
170 Kevina Road, Ellensburg WA 98926
www.proyectonehemias.org

ISBN Impreso 978-1-950135-56-1
ISBN EPUB 978-1-950135-57-8
ISBN MOBI/Kindle 978-1-950135-58-5

Todos los derechos reservados. Ninguna porción de esta publicación puede ser reproducida, almacenada en un sistema de recuperación, o transmitida de ninguna forma ni por ningún medio —ya sea electrónico, mecánico, fotocopias, grabación u otros— sin el previo permiso de la editorial o una licencia que permita copia restringida.

A menos que se indique algo distinto, las citas bíblicas están tomadas de la Santa Biblia, Reina Valera Contemporánea, © 2009, 2011 por Sociedades Bíblicas Unidas.

Las citas bíblicas marcadas con RVR1960 están tomadas de la *Santa Biblia*, Reina-Valera 1960, © Sociedades Bíblicas Unidas, 1988.

Las citas bíblicas marcadas con NVI están tomadas de la *Santa Biblia*, Nueva Versión Internacional © 1986, 1999, 2015 por Biblica, Inc.

Todos los énfasis en las citas bíblicas son añadidos.

Imágenes de portada e interior: Pixabay y Freepik.

ÍNDICE

Agradecimientos 9
Introducción 11

Fase 1: El ABC
    1. Entender el evangelio 19
    2. Conocer a Jesucristo como Señor y Salvador 25
    3. Devoción, oración y adoración comunitaria 33
    4. Amar al prójimo 41
    5. Alumbrar al mundo 49
    Preguntas de repaso 57

Fase 2: Adorar a Dios
    6. Adorar a Dios con tu corazón y tu alma 65
    7. Adorar a Dios con tu mente y tus fuerzas 71
    8. Adorar a Dios con tu salud y tu economía 81
    9. Adorar a Dios en tu lucha contra el mal 89
    10. Adorar a Dios con fidelidad 96
    Preguntas de repaso 109

Fase 3: Amar al prójimo
    11. La gracia de Dios, el perdón y las relaciones personales 113
    12. Amistades y noviazgo 119
    13. El matrimonio y la familia 125
    14. El desafío multicultural 131
    15. La comunidad de fe y el desafío contracultural 139
    Preguntas de repaso 147

Fase 4: Alumbrar al mundo

16. El mandato cultural 153
17. Servir a Dios en la iglesia 159
18. Compromiso con los más indefensos 165
19. Fe, trabajo y sociedad 173
20. Compartir la fe y hacer discípulos 181

Conclusión y desafío final 189

Índice de citas bíblicas 191
Índice temático 197

AGRADECIMIENTOS

Este libro no existiría si Dios no hubiese llegado a mi vida. Gracias Señor por guiarme a lo largo de todos estos años en el camino del ministerio, intentando ayudar a otras personas a conocerte también. Nada de mí sería igual si no fuera por tu presencia en todo lo que intento hacer.

Agradezco a mi esposa, Debbie, el amor de mi vida, con quien recorrimos juntos más de veinte años y disfrutamos los hijos que Dios nos regaló: Camila, Catalina y Benjamín. Todos ellos me acompañan con gran paciencia mientras me dedico a atender las múltiples tareas del ministerio. Son de gran bendición en mi vida.

Honro a mis padres que me guiaron en los primeros pasos de la fe y me proveyeron un entorno familiar saludable para disfrutar de mi niñez y juventud.

Gracias a la Iglesia Sin Heng Nuevo Avivamiento con quienes pusimos en práctica los incipientes intentos de desarrollar este plan de discipulado. Con muchos de sus jóvenes recorrimos los primeros bosquejos y fuimos puliendo y mejorando el contenido con el paso de los años, haciendo múltiples revisiones. Gracias a Helena, Elisa y Susana quienes, en su tarea de traducir el manuscrito al chino, encontraron más errores para corregir y frases para aclarar y profundizar. Sin su ayuda, este libro no sería lo que es.

También agradezco a Jeff Stevenson y el equipo de Proyecto Nehemías por su acompañamiento y entusiasmo en todo el proceso para que este libro llegue a ser una realidad. Y a la Primera Iglesia Presbiteriana de Rome, GA, quienes ayudaron económicamente para poder publicarlo.

Y una oración final: Señor, Dios mío, pongo en tus manos este libro para que todo aquel que llegue a leerlo, pueda experimentar un crecimiento integral en su fe, esa fe preciosa que siembras en nuestros corazones. Guíanos siempre a caminar de tu mano, buscando hacer tu voluntad.

«Estoy persuadido de que el que comenzó en ustedes la buena obra, la perfeccionará hasta el día de Jesucristo» (Fil 1:6).

Soli Deo Gloria

| INTRODUCCIÓN |

¡Les damos la bienvenida a este camino! Nos alegra que se hayan animado a caminar juntos buscando que Dios nos ayude a crecer en la fe y ser cada día un poco más parecidos a Jesús[1].

A quienes están comenzando a explorar la fe cristiana, estos encuentros les pueden ayudar a dar los primeros pasos para afianzar su relación con Dios. Para aquellos que son cristianos hace ya un tiempo, estos encuentros les ayudarán a recordar sus primeros pasos y seguir fortaleciendo su fe.

Ser antes de hacer
Este plan integral se propone proveer una herramienta para incentivar el proceso de crecimiento hacia la madurez cristiana. En el camino, hemos tenido en cuenta un factor clave que resulta transversal a todos los temas y estará presente en toda área a desarrollar: el concepto bíblico de «ser antes de hacer». Creemos que la madurez cristiana no se alcanza siguiendo simplemente un listado de conductas apropiadas, tachando las tareas completadas y esforzándose por alcanzar todo lo que queda pendiente.

Este principio de «ser antes de hacer» refleja el concepto teológico de que la transformación que realiza Dios en el cristiano se produce desde adentro hacia afuera. En uno de sus sermones más enfáticos confrontando a los escribas y fariseos, Jesús dijo: «¡Ay de ustedes, escribas y fariseos, hipócritas! Porque limpian por fuera el vaso y el plato, pero por dentro están llenos de robo y de injusticia. ¡Fariseo ciego! Limpia primero el vaso y el plato por dentro, para que también quede limpio por fuera» (Mt 23:25-26)[2].

---

1. A lo largo de todo este libro, utilizaremos el masculino como genérico, aludiendo de igual manera tanto a mujeres como a varones.
2. Para la mayoría de las citas bíblicas utilizaremos la versión Reina Valera Contemporánea, salvo que se indique lo contrario. Las citas indicadas como RVR1960 se refieren a la Reina Valera Revisada 1960. Las citas indicadas como NVI se refieren a la Nueva Versión Internacional.

A pesar de nuestra tendencia humana a juzgar a las personas por su aspecto y su conducta exterior, la Biblia nos recuerda reiteradas veces que Dios mide con otra vara. Cuando Dios envió a Samuel a buscar un rey para suceder a Saúl, el Señor le dijo: «No te dejes llevar por su apariencia ni por su estatura, porque éste no es mi elegido. Yo soy el Señor, y veo más allá de lo que el hombre ve. El hombre mira lo que está delante de sus ojos, pero yo miro el corazón» (1Sa 16:7).

La tendencia humana tal vez habría sido buscar al hombre más fuerte, poderoso y carismático. Sin embargo, Dios buscaba algo diferente. Tal como lo relata el libro de los Hechos, «Cuando Dios le quitó el trono a Saúl, puso como rey a David, de quien dijo: "Me agrada David, el hijo de Yesé, porque sé que él cumplirá los planes que yo tengo"». (Hch 13:22). Siguiendo una traducción literal de este versículo, Dios dice: «He hallado a David hijo de Isaí, varón conforme a mi corazón, quien hará todo lo que yo quiero» (RVR1960). Aquí queda claramente expresado, no solo que Dios mira primero el corazón, sino además que la transformación interior que realiza el Espíritu Santo en una persona conlleva también un cambio en su forma de vida.

Áreas de reflexión y desafío

La madurez cristiana no es solamente un aprendizaje intelectual de las doctrinas ortodoxas de la iglesia para poder recitar correctamente versículos bíblicos, credos y confesiones. Más bien, el crecimiento en la fe implica desafíos en todas las áreas que comprende la vida del ser humano. Por eso, cada capítulo de este plan integral incluye preguntas de reflexión y desafíos en seis áreas que consideramos complementarias:

| Crecimiento espiritual |

Parte esencial de la vida del cristiano es profundizar la intimidad de su relación con Dios. Esto implica crecer en la implementación de disciplinas espirituales que nos lleven a acercarnos cada vez más a Dios y reconocerlo como nuestro Señor y Salvador en todas las áreas de nuestra vida. El evangelio nos dice que Jesús designó a los primeros doce discípulos «para que estuvieran con él, para enviarlos a predicar» (Mr 3:14). El orden aquí es clave. Lo primero que espera Jesús de un discípulo suyo es que estemos con él, que pasemos tiempo en comunión con él, creciendo en nuestra vida espiritual.

| Renovación de la mente |

El apóstol Pablo dice: «No se amolden al mundo actual, sino sean transformados mediante la renovación de su mente. Así podrán comprobar cuál es la voluntad de Dios, buena, agradable y perfecta» (Ro 12:2, NVI). Este pasaje deja claro que el crecimiento en la fe incluye la reflexión, el razonamiento y el estudio. El cristiano no debe dejar su intelecto fuera de su vida de fe. Al contrario, el pensamiento juega un rol fundamental en nuestro proceso de transformación.

| Transformación del carácter |

Más allá del conocimiento y la reflexión, no podemos negar que las emociones y el carácter juegan un rol clave en la vida de cualquier persona. Con el desarrollo del concepto de inteligencias múltiples, una de las primeras áreas de investigación fue la inteligencia emocional. Los estudiosos reconocieron que no sirve de mucho tener un alto coeficiente intelectual si no logramos dominar nuestras emociones y nuestro carácter. Por otro lado, tampoco es posible reprimir las emociones totalmente, como lo promovían los filósofos estoicos. Parte del crecimiento hacia la madurez cristiana implica aprender a reconocer nuestras emociones, desarrollar el dominio propio, y permitir que el Espíritu Santo refine nuestro carácter. Tal como lo dice claramente Pablo: «No nos ha dado Dios un espíritu de cobardía, sino de poder, de amor y de dominio propio» (2Ti 1:7).

| Vínculos saludables |

El apóstol Juan lo dice de manera categórica: «Si alguno dice: "Yo amo a Dios", pero odia a su hermano, es un mentiroso. Pues el que no ama a su hermano a quien ha visto, ¿cómo puede amar a Dios, a quien no ha visto?»

(1Jn 4:20). La vida cristiana no se desarrolla en un tubo de ensayo que nos conecta de manera individual con Dios y nos mantiene aislados del resto de la humanidad. El evangelio plantea claramente que la fe cristiana se vive en comunidad, en el contexto de relaciones interpersonales de edificación mutua. Nuestro amor a Dios, ejemplificado por el poste vertical de la cruz, debe corresponderse con el amor al prójimo representado en el travesaño horizontal.

| Inteligencia cultural |

Vivimos en un mundo globalizado cada vez más interconectado, en el cual va creciendo a gran ritmo el cruce de diferentes culturas. El evangelio no deja lugar a dudas al declarar que la salvación es para todas las naciones, que la cruz de Cristo derriba muros de división racial y nos iguala a todos los seres humanos en presencia de nuestro Creador. Creemos que el cristiano no puede desentenderse del plan de Dios de que «toda lengua confiese que Jesucristo es el Señor» (Fil 1:11). El evangelio nos desafía a mostrar el amor de Dios por todas las culturas, luchando contra la discriminación y preparándonos para la vida eterna entonando el cántico nuevo que cantaremos a Cristo todos juntos en los nuevos cielos: «Con tu sangre redimiste para Dios gente de toda raza, lengua, pueblo y nación» (Ap 7:9).

| Desafío a la acción |

En la historia hubo muchas personas que seguían a Jesús solo de Palabra. Jesús comparó a los que escuchan sus enseñanzas sin ponerlas en práctica con aquellos que construyen su casa sobre la arena y queda vulnerable ante cualquier tormenta. El apóstol Santiago también resume este principio: «Pongan en práctica la palabra, y no se limiten sólo a oírla, pues se estarán engañando ustedes mismos» (Stg 1:22).

Organización en fases y capítulos

El plan incluye cuatro fases, de cinco capítulos cada una, para una mejor planificación del proceso de crecimiento. La primera fase desarrolla una introducción a la fe cristiana, profundizando el conocimiento de Jesús y el evangelio, alentando a la práctica de disciplinas espirituales, promoviendo la participación en una comunidad de fe y desafiando a poner en práctica la fe en actitud de servicio.

La segunda fase se enfoca en el desafío a adorar a Dios en todas las áreas de nuestra vida, guiados por el mandamiento más importante mencionado por nuestro Señor: «Amarás al Señor tu Dios con todo tu corazón, con toda tu alma, con toda tu mente y con todas tus fuerzas» (Mr 12:30). Entendemos que la adoración no implica solamente el hecho de cantar alabanzas en las reuniones de la iglesia, sino más bien una actitud del corazón que afecta todo lo que hacemos, tal como nos exhorta el apóstol Pablo: «Si ustedes comen o beben, o hacen alguna otra cosa, háganlo todo para la gloria de Dios» (1Co 10:31).

En la tercera fase exploramos la importancia del segundo mandamiento más importante, según lo plantea Jesús: «Amarás a tu prójimo como a ti mismo» (Mr 12:31). Aquí desarrollaremos todo lo necesario para aplicar las enseñanzas del evangelio a las relaciones interpersonales, ya sea en el hogar, las amistades, el trabajo y todo otro ámbito en el que nos movamos.

Finalmente, la cuarta fase concluye este plan con el desafío a alumbrar al mundo, proponiendo que la meta final del cristiano no es solamente ser feliz y disfrutar individualmente de las bendiciones de Dios. Jesús dijo a sus primeros seguidores: «Ustedes son la luz del mundo. Una ciudad asentada sobre un monte no se puede esconder» (Mt 5:14). De igual manera, hoy Dios sigue llamando a los cristianos a no esconder su fe, sino a ponerla en práctica cumpliendo el mandato cultural, promoviendo el reino de Dios.

Este plan puede utilizarse para crecimiento personal, en grupos pequeños o como parte de un programa general de discipulado en una iglesia. Basados en la experiencia de haberlo hecho en nuestra iglesia, sugerimos que se utilice en grupos reducidos (entre dos y cinco personas), que puedan avanzar al ritmo que necesiten, desarrollando un ámbito de confianza mutua para hablar sinceramente desde el corazón. Como conclusión de cada fase puede organizarse también un encuentro grupal más numeroso, interactuando con líderes de la iglesia y otras personas que también hayan transitado por el mismo camino.

Max Lucado popularizó esta frase: «Dios te ama tal como eres, pero no quiere dejarte así; quiere que seas como Jesús». Oramos para que Dios utilice este plan integral de crecimiento en la fe para desafiarnos a no dejar nuestro cristianismo estancado, sino a seguir adelante en el camino de la santificación hasta el día en que disfrutaremos la vida eterna en su presencia.

FASE 1: EL ABC

| CAPÍTULO 1 |
Entender el evangelio

«Que una persona crea en la existencia de Dios no nos dice nada acerca su relación con Dios, de su forma de vivir, ni de sus valores».

«La Biblia nunca dice que Jesús vino al mundo a hacer creyentes, sino principalmente a hacer discípulos».

Ser cristiano es mucho más que ir a la iglesia. La meta del cristiano no es sólo ser una mejor persona. El misterio de la fe no es simplemente creer en la existencia de Dios. La Biblia dice: «¿Tú crees que hay un solo Dios? También los demonios lo creen, y tiemblan» (Stg 2:19). Que una persona crea en la existencia de Dios no nos dice nada acerca su relación con Dios, de su forma de vivir, ni de sus valores. Alguien puede creer que Dios existe, conocer las enseñanzas de la Biblia, pero llevar una vida totalmente contraria a lo que Dios quiere.

La Biblia nunca dice que Jesús vino al mundo a hacer creyentes, sino principalmente a hacer discípulos. ¿Cuál es la diferencia entre ser creyente y ser discípulo? El creyente cree en Jesús; el discípulo sigue su ejemplo. En una de las ocasiones en que Jesús estaba enseñando, Juan relata lo siguiente: «Mientras aún hablaba, muchos creyeron en él. Jesús se dirigió entonces a los judíos que habían creído en él, y les dijo: —Si se mantienen fieles a mis enseñanzas, serán realmente mis discípulos; y conocerán la verdad, y la verdad los hará libres» (Jn 8:30–32). Jesús no terminó su tarea al ver que muchos habían creído en él. Tampoco les dijo que si creían en él podían quedarse tranquilos y no hacer nada más. A quienes creían en él, Jesús los desafió a vivir de acuerdo con sus enseñanzas y seguir su ejemplo.

El proceso que nos lleva a ser cristianos y discípulos de Jesús puede compararse, en alguna medida, al embarazo de una mujer. Podemos encontrar estas similitudes:

1) El embarazo es parecido al cristianismo en que no hay punto intermedio. La mujer está embarazada o no está embarazada... no puede estar medio embarazada. Lo que determina su embarazo no es cómo se siente al respecto, o cómo lo acepta su pareja; lo que determina realmente si está embarazada es si tiene o no tiene una vida en su vientre. Con la fe pasa igual: eres cristiano o no eres cristiano. No se puede ser «medio cristiano». Puede que seas cristiano hace mucho o hace poco tiempo, que seas un cristiano fiel o desobediente, un cristiano convencido o con dudas... pero lo que determina si eres o no eres cristiano es la presencia de Jesús en tu vida.

2) Hay distintas etapas previas al embarazo. Algunas parejas han decidido evitar el embarazo, otras lo dejan a la voluntad de Dios y aun otras lo buscan con ansias. Algo parecido ocurre con la fe: hay quienes intentan evitar la fe a toda costa, personas que no quieren hablar de la fe ni buscar respuesta a sus preguntas acerca de lo espiritual. Por otro lado, están quienes encuentran la fe sin buscarla, tal vez mediante alguna experiencia que motiva su búsqueda espiritual o una amistad que los invita a conocer a Dios. Finalmente, están quienes buscan activamente respuestas a sus inquietudes espirituales y están dispuestos a investigar más acerca del cristianismo.

3) Finalmente, también hay varias etapas durante el embarazo. No es lo mismo una mujer que está embarazada de 10 semanas que un embarazo que ya lleva 38 semanas. Durante el embarazo, la madre nutre al hijo, cuida su salud y lo protege literalmente con su propio cuerpo para que el bebé crezca sano y se desarrolle bien. Con la fe cristiana también es así: esa vida que el Espíritu Santo siembra en nuestro corazón debe ser cuidada, alimentada y fortalecida para enfrentar las realidades de la vida. Lo más natural y sano es que ese bebé no permanezca igual, sino que crezca y se desarrolle. De igual manera, los cristianos somos desafiados a alimentar, nutrir y fortalecer nuestra fe.

| **Tiempo de diálogo** |

¿Cómo describirías hoy tu relación con Jesús?
¿Te identificarías como alguien que busca a Dios, lo rechaza o es indiferente hacia Dios?
¿De qué maneras estás intentando que tu fe se fortalezca?

Un gran objetivo de estos encuentros es ayudarnos a evaluar el estado de nuestra fe, aprendiendo de las enseñanzas de Jesús y ayudándonos unos a otros a aplicar esa fe en la realidad de nuestras vidas.

La Biblia relata muchas formas en que Jesús enseñaba. A veces predicaba a las multitudes; otras veces hablaba solo a sus discípulos. Pero también Jesús dedicó tiempo para conversaciones personales con individuos. Más allá de nuestra participación en las reuniones generales de la iglesia, o en los grupos pequeños, estos encuentros personales buscarán proveer esa conversación íntima donde podamos aprender a estar más cerca de Jesús.

En estos primeros encuentros, nos proponemos explorar algunas características esenciales que describen a un discípulo de Jesús. Entendemos que la fe cristiana es como un camino de la vida y no como una meta alcanzada. De manera que no te sientas mal si no cumples perfectamente la descripción de estas características, pero nos desafiamos a esforzarnos por ser cada vez más como Jesús.

La historicidad y la autoridad de la Biblia

El cristianismo se concibe como una religión que nace en la historia, y esa historia quedó registrada en lo que hoy llamamos la Biblia. La fe cristiana no es una religión que se basa en las emociones, ni en relatos míticos que solo contienen enseñanzas morales. La Biblia justamente se encarga de demostrar que las enseñanzas morales de la religión carecen de sentido si no están sostenidas sobre la historia verídica de Jesús, su persona y su obra.

Durante los últimos dos mil años, la Biblia ha sufrido muchos ataques para eliminarla e intentos de desacreditarla. Pero a pesar de tanta oposición, la Biblia continúa siendo el libro más leído en todo el mundo, y el libro que ha sido traducido a mayor cantidad de idiomas y dialectos. ¿Qué es lo que hace de la Biblia un libro tan especial? Por supuesto, para los cristianos, la Biblia es la Palabra de Dios. Pero no queremos quedarnos en un análisis que se limita solamente a la fe. Hay muchas evidencias que sostienen la historicidad y la autoridad de la Biblia.

En primer lugar, hemos mencionado la historicidad de la Biblia. La Biblia es el libro de la antigüedad que más sustento tiene en manuscritos. Por ejemplo, solo del Nuevo Testamento, se han encontrado más de 5.000 manuscritos en griego, unos 10.000 manuscritos en latín y más de 9.000 manuscritos en otros idiomas antiguos. Es importante señalar también que algunos de estos manuscritos datan de una fecha muy temprana, cercana al fallecimiento de los apóstoles de la iglesia primitiva. Esta evidencia arqueológica da un gran sustento al texto que conocemos hoy como Antiguo y Nuevo Testamento.

La fe cristiana no se basa en relatos míticos y prácticas esotéricas. El cristianismo se basa en acontecimientos históricos. Además del texto bíblico, hay escritos originados en los primeros siglos del cristianismo que proveen evidencia de la historicidad de Cristo y del movimiento de la iglesia primitiva. Existen textos de emperadores que, no siendo cristianos, dan testimonio de todo lo que ocurrió en esa época con Jesús y sus seguidores. De hecho, algunos de esos testimonios incluyen la forma en que perseguían a los cristianos en el imperio romano. Esto demuestra que los relatos de la Biblia no son un invento de algún piadoso, sino relatos verídicos de acontecimientos que ocurrieron realmente en la historia.

El esfuerzo arqueológico ha afianzado una y otra vez la certeza de la veracidad de los relatos incluidos en la Biblia. Por ejemplo, el Dr. Millar Burrows, arqueólogo de la Universidad de Yale, ha dicho: «El trabajo arqueológico ha fortalecido incuestionablemente la confianza en la veracidad del registro escritural. Más de un arqueólogo ha visto crecer su respeto por la Biblia por causa de la experiencia de excavar en Palestina»[3].

El centro del mensaje de esta Biblia es la vida y obra de Jesús. Por eso el cristianismo basa toda su comprensión de la realidad espiritual en las

---
3. Josh McDowell. *Evidencia que exige un veredicto.* 1ra ed. Cuernavaca, México: Cruzada Estudiantil y Profesional para Cristo, 1975. Pp. 68-69.

enseñanzas que allí se exponen. Empecemos hoy nuestra reflexión centrándonos en la persona de Jesús.

¿Quién es Jesús?[4]

Hace unos dos mil años, Jesús entró a la raza humana en una pequeña comunidad judía. Nació en una familia pobre, de una tribu poco importante, viviendo en una de las naciones más pequeñas de su tiempo. Vivió aproximadamente 33 años, de los cuales solo los últimos tres los dedicó al ministerio público. Pero su corta vida produjo un cambio radical en el mundo.

Los hombres y las mujeres a través de los siglos han tenido opiniones divididas con respecto a la pregunta «¿Quién es Jesús?». ¿En qué sentido es Jesús diferente de otros líderes religiosos? Una diferencia importante es que, entre los líderes de las principales religiones mundiales, ninguno declaró ser Dios mientras que Jesús lo dijo claramente. Jesús también dijo: «Yo soy el camino, la verdad y la vida; nadie llega al Padre sino por mí» (Jn 14:6). Algunos podrían decir: «¡Qué exclusivista y arrogante es este Jesús al decir algo así!». Sin embargo, lo que más nos debe preocupar es descubrir si lo que Jesús dijo es verdad o no. Allí está la clave de la fe en Jesús.

El Nuevo Testamento presenta categóricamente a Jesucristo como Dios. Por ejemplo, Pablo dice que «aguardamos la bendita esperanza, es decir, la gloriosa venida de nuestro gran Dios y Salvador Jesucristo» (Ti 2:13; puede compararse con Juan 1:1, Hebreos 1:8 y Romanos 9:5). En el juicio contra Jesús, el sumo sacerdote le preguntó: «¿Eres el Cristo, el Hijo del Bendito? —Sí, yo soy —dijo Jesús—. Y ustedes verán al Hijo del hombre sentado a la derecha del Todopoderoso, y viniendo en las nubes del cielo» (Mr 14:60-64). Podríamos continuar citando pasajes de la Biblia que dejan en claro que Jesucristo es Dios. Analizando el proceso de juicio que enfrentó Jesús ante Poncio Pilato, el abogado Irwin Linton planteó que, considerando los juicios criminales, este juicio es único ya que lo que se condena no son las acciones del acusado, sino su identidad. En la mayoría de los juicios se juzga a la gente por lo que ha hecho, pero Jesús fue condenado por quien era. Es por esto que, para el cristianismo, la persona de Jesús es tanto o más importante que su obra. Todo lo que Jesús hizo cobra relevancia por quien él fue: Dios hecho hombre.

---

4. Algunas partes de esta sección están tomadas y adaptadas del libro *Más que un carpintero* de Josh McDowell. En algún momento, vale la pena que lo leas entero.

| **Tiempo de diálogo** |

¿Qué concepto nuevo aprendiste hoy o te llamó la atención?

¿Qué sientes de todo lo que conversamos hoy?

¿De qué manera tu crianza o tu cultura impactan en tu manera de hablar acerca de la fe?

Terminemos este encuentro con una oración, pidiendo especialmente que Dios nos ayude a entender mejor quién es Jesucristo y lo que hizo por nosotros.

CAPÍTULO 2

Conocer a Jesucristo como Señor y Salvador

> «Personalmente no puedo llegar a la conclusión de que Jesús fue un mentiroso o un loco. La única alternativa que me queda es aceptar que él fue el Cristo, el Hijo de Dios, tal como lo afirmó. Las evidencias están claramente a favor de que Jesús es el Señor».
>
> Josh McDowell

> «Hay una gran diferencia entre aceptar las afirmaciones acerca de quién fue Jesús y el hecho de rendirle nuestra vida. Cuando tomamos la decisión de rendirle nuestra vida, sus promesas se hacen realidad en nosotros».

En el encuentro anterior analizamos la importancia del evangelio, la historicidad de la Biblia y comenzamos a ver quién fue Jesús. En este capítulo veremos lo que diferentes personas piensan acerca de Jesús. Siguiendo la reflexión de Josh McDowell en el libro *Más que un carpintero*, proponemos que no es lógico tomar a Jesús solo como un buen maestro, pues eso conllevaría dos opciones: si Jesús dijo ser Dios sabiendo que no lo era, entonces fue un mentiroso y, por tanto, no puede ser considerado como un buen maestro. Si Jesús pensó que era Dios pero en realidad no lo era, entonces era un demente y, por tanto, tampoco calificaría como un buen maestro. El cristianismo propone pensar que Jesús fue quien él dijo que era: el Hijo de Dios, el Salvador del mundo.

¿Señor, mentiroso o lunático?

A pesar de todas las referencias que pudiéramos citar que dicen que Jesús es Dios, muchas personas todavía tienen conceptos muy diferentes acerca de quién fue Jesús. Algunas de las opiniones más comunes son que Jesús fue un gran maestro o un profeta que enseñó principios morales profundos. A primera vista, esta parece ser una buena descripción de

Jesús y la mayoría de las personas la aceptaría sin mayores conflictos. Sin embargo, detrás de esa afirmación, encontramos una falacia profunda. Si Jesús era bueno pero no era Dios, entonces habría sido un mentiroso o un lunático. Lo explicamos a continuación.

El teólogo C. S. Lewis, que era agnóstico antes de llegar a Cristo, reflexionó acerca del hecho de que muchas personas están dispuestas a aceptar que Jesús fue un gran maestro de moral, pero no aceptan su declaración de ser Dios. Lewis escribe: «Un hombre que hubiera sido solo un hombre, y hubiera dicho la clase de cosas que Jesús dijo, no hubiera sido un gran maestro de moral… O bien este hombre fue, y es, el Hijo de Dios, o de lo contrario fue un loco o algo peor»[5].

El planteamiento que vamos a analizar es así: Jesús afirmó ser Dios. Su afirmación tiene que ser cierta o falsa. Si fue falsa, entonces no nos quedan más que dos alternativas: o Jesús sabía que su afirmación era falsa o no lo sabía. Si lo sabía, era un mentiroso. Si no lo sabía, era un demente.

¿Fue Jesús un mentiroso?

«Si cuando Jesús hizo sus afirmaciones, sabía que no era Dios, entonces mentía y engañaba deliberadamente a sus seguidores. Además, si fue mentiroso, también fue hipócrita porque enseñaba a la gente que fuera honrada a cualquier costo… Aún más, fue un demonio pues les dijo que confiaran en él con respecto a su destino eterno. Si no podía respaldar sus afirmaciones, y lo sabía, entonces fue inexplicablemente malvado. Finalmente, también habría sido un tonto, pues por afirmar que era Dios, terminó crucificado»[6]. Pero el testimonio de su vida demostró claramente que un mentiroso no podría hacer las cosas que Jesús hizo, ni profetizar los eventos que ocurrieron. Alguien que viva como Jesús vivió, que enseñe como Jesús enseñó, y que muera como Jesús murió no puede ser un mentiroso.

¿Fue Jesús un demente?

Todos sabemos que es posible ser sincero y estar equivocado. Sin embargo, «tenemos que recordar que el hecho de que alguno piense de sí mismo que es Dios, especialmente en una cultura ferozmente monoteísta, y luego les diga a otros que su destino eterno depende de creer en él, no es un leve vuelo de la fantasía, sino el pensamiento de un loco en el sentido más amplio de la palabra… Alguien que diga ser Dios

---

5. Citado en Josh McDowell, *Más que un carpintero*, ed. 1997, p. 23.
6. Josh McDowell, *Más que un carpintero*, ed. 1997, p. 24.

estaría teniendo alucinaciones, se engañaría a sí mismo, y probablemente sería necesario encerrarlo para que no se hiciera daño, ni hiciera daño a otros.

Sin embargo, en Jesús no observamos las anormalidades ni el desequilibrio que puede notarse en los dementes. Su equilibrio y compostura ciertamente hubieran sido asombrosos si se tratara de un loco... La cordura y profundidad de sus enseñanzas solo sirven para apoyar el argumento que favorece su total sanidad mental»[7]. Además, las señales milagrosas que realizó también dan autoridad a su testimonio de vida. Finalmente, habiendo hallado testimonios y manuscritos del siglo I que relatan la existencia de Jesús y la persecución a los cristianos, no sería extraño encontrar en alguno de ellos la explicación de que Jesús estaba demente, que era una persona con alucinaciones que engañaba deliberadamente a sus seguidores. Sin embargo, ninguno de los escritos de los primeros siglos de nuestra era que mencionan a Jesús plantea dudas acerca de su sanidad mental.

¿Fue Jesús el Señor?

La pregunta importante es: ¿cuál de estas tres alternativas es la verdad? McDowell concluye así: «Personalmente no puedo llegar a la conclusión de que Jesús fue un mentiroso o un loco. La única alternativa que me queda es aceptar que él fue el Cristo, el Hijo de Dios, tal como lo afirmó. Las evidencias están claramente a favor de que Jesús es el Señor»[8].

| **Tiempo de diálogo** |

La Biblia describe a Dios de diferentes maneras: como Padre, amigo, juez justo, Salvador. Y en diferentes momentos de nuestra vida podemos concebir a Dios con diferentes énfasis según la realidad que estemos viviendo.

¿De qué otras maneras podemos describir a Dios?
¿Qué piensa la gente a tu alrededor acerca de Jesús?
¿Qué conceptos de Dios aprendiste durante tu infancia en tu familia?

---

7. *Ibid*, p. 27-28.
8. *Ibid*, p. 29.

Para pensar

Jesús afirmó ser Dios. Esto nos obliga a considerarlo seriamente. Jesús preguntó a sus discípulos: «¿Quién dice la gente que es el Hijo del hombre? Le respondieron: —Unos dicen que es Juan el Bautista, otros que Elías, y otros que Jeremías o uno de los profetas. —Y ustedes, ¿quién dicen que soy yo? —Tú eres el Cristo, el Hijo del Dios viviente —afirmó Simón Pedro» (Mt 16:13-16). Ahora la pregunta te llega a ti: ¿Quién es Jesucristo para ti?

Ahora te animamos a pensar una descripción concreta de quién es Jesús para ti en esta etapa de tu vida. Es importante que puedas describirlo con tus propias palabras, en tu lenguaje, en tu realidad, de una manera que se aplique a tu vida.

Acepto las afirmaciones acerca de Jesucristo… ¿y entonces qué?

Ahora bien, vamos a pensar: ¿de qué me sirve aceptar que Jesús es quien dijo ser? Muchas personas pueden llegar a creer que Jesucristo es Dios, pero a veces nos cuesta entender para qué sirve ser cristianos en pleno siglo XXI. Una vez, una abuela le regaló a su nieta un hermoso juego de cacerolas… tan lindo era su aspecto que la nieta decidió colgar las cacerolas en la pared como adorno. Quedaban muy lindas a la vista, pero no cumplían el rol para el cual habían sido creadas. Algunas personas tienen al cristianismo como un adorno de su vida. De hecho, muchas veces puede verse la cruz como símbolo en muchas decoraciones y accesorios. Pero la cruz y el evangelio son mucho más que decoración.

Podemos estudiar la historia y conocer lo que Jesús hizo y enseñó en el primer siglo, pero ¿qué hizo Jesús que nos sirva concretamente hoy? Se han escrito muchos libros explicando todo lo que la Biblia enseña. Aquí vamos a concentrarnos en tres aspectos fundamentales de lo que Jesús hizo y hace por nosotros: 1) nos reconcilia con Dios, 2) nos ofrece un ejemplo de vida, y 3) nos promete una vida plena y eterna. Vamos a explorar cada uno de estos puntos por separado.

1. Nos reconcilia con Dios, trayendo paz espiritual a nuestra vida

Grandes pensadores se han preguntado cuál es el origen de esa búsqueda espiritual innata en los seres humanos. ¿Qué es lo que nos hace emprender la búsqueda de paz espiritual? ¿Cuál es el origen de ese vacío?

La Biblia relaciona esta necesidad del ser humano con la rebeldía y el pecado, causa de nuestra separación de Dios.

La Biblia explica que el pecado es universal y afecta a todos los seres humanos. Pablo escribe: «No hay diferencia alguna, por cuanto todos pecaron y están destituidos de la gloria de Dios» (Ro 3:22-23). El apóstol Juan es todavía más enfático: «Si decimos que no tenemos pecado, nos engañamos a nosotros mismos» (1Jn 1:8). ¿Cómo puede ser que todas las personas queden enmarcadas en la misma categoría?

El libro de Génesis explica que Dios creó a Adán y Eva con libre albedrío. Y ellos, como representantes de la humanidad entera, siguieron el consejo de la serpiente, y se rebelaron contra Dios. Esa rebeldía fue luego traspasada a toda su descendencia, es decir, a todo el género humano. Pablo lo explica así: «Por tanto, como el pecado entró en el mundo por un solo hombre, y por medio del pecado entró la muerte, así la muerte pasó a todos los hombres, por cuanto todos pecaron» (Ro 5:12). Por eso todos nacemos alejados de Dios y tenemos esa tendencia a rebelarnos. Además, nacer alejados de Dios es lo que nos produce esa extraña sensación que algunos llaman «vacío espiritual» o «insatisfacción permanente». Hay quienes perciben claramente que necesitan algo espiritual que llene sus vidas, y otras personas que no lo perciben. De todas formas, la Biblia nos declara que el ser humano no puede estar completo sin la presencia de Dios, ya sea que percibamos esa necesidad o no.

La buena noticia es que Dios ha tomado la iniciativa de ayudarnos a reconciliarnos con él mediante la muerte y la resurrección de Jesucristo. Juan lo declara así: «Nosotros hemos visto y damos testimonio de que el Padre ha enviado al Hijo, el Salvador del mundo» (1Jn 4:14). Pablo también explica que «en Cristo, Dios estaba reconciliando al mundo consigo mismo, sin tomarles en cuenta sus pecados» (2Co 5:19). La Biblia dice que, por medio de Jesucristo, podemos reconciliarnos con Dios, librarnos del sentimiento de culpa, y disfrutar de paz espiritual llenando ese vacío profundo.

2. Nos ofrece un ejemplo de vida

El cristianismo no habla de un Dios lejano que envía sus caprichosas normas morales a los seres humanos con amenazas de condena para el que no las cumple. Al contrario, el Dios de la Biblia comienza por cambiar nuestro corazón, otorgándonos el perdón a través de la fe. Y después nos muestra cómo poner en práctica esa nueva vida revelándonos cómo vivió Jesús en la tierra, enfrentando las mismas debilidades, tentaciones y problemas que nos pueden tocar a nosotros. Y no solo eso… también nos envía al Espíritu Santo para ayudarnos en nuestro esfuerzo por vivir esa vida plena.

1 Pedro 2:21 dice: «Cristo sufrió por nosotros, con lo que nos dio un ejemplo para que sigamos sus pasos». Muchas veces se resalta la sabiduría maravillosa que contienen las enseñanzas de Jesús, pero lo más sorprendente es que las respaldó con su vida misma. Sus enseñanzas no eran solo un buen discurso, sino realmente un nuevo estilo de vida. Este hecho vuelve a ratificar que el cristianismo no es solo afirmar una serie de declaraciones acerca de Jesús, recitar un credo o aceptar un dogma. Ser cristiano, como lo establece la Biblia, es seguir a Jesús en todas las áreas de nuestra vida. Así lo dijo él mismo a sus discípulos: «Les he puesto el ejemplo, para que lo mismo que yo he hecho con ustedes, también ustedes lo hagan… Si saben estas cosas, y las hacen, serán bienaventurados» (Jn 13:15, 17).

3. Nos promete una vida plena y eterna

Jesús describe su ministerio diciendo: «Yo he venido para que tengan vida, y para que la tengan en abundancia» (Jn 10:10). Cuando hablamos de la muerte de Jesús en la cruz, generalmente hacemos énfasis en su acto de sacrificio. Pero no podemos perder de vista este aspecto de su obra: a causa de su muerte y resurrección, los cristianos podemos recibir una vida abundante por medio de la fe.

Algunos argumentarán: «Pero algunas personas que no son cristianas parecen tener una vida bastante más plena que los cristianos». Eso puede parecer cierto, a los ojos humanos. En definitiva, esa afirmación depende de cuáles son nuestros valores de la vida. Por ejemplo, en muchas culturas, un gran valor que permea todas nuestras acciones y actitudes es la prosperidad económica. Mucha gente cree que tener mucho dinero es equivalente a tener una vida plena. Y seguramente haya personas que tengan una vida llena de abundancia material, y atraviesen momentos de tranquilidad en su vida terrenal. Pero la Biblia apunta a un sentido mucho más profundo de plenitud. La Biblia habla de una vida espiritual plena, una vida espiritual en abundancia. Hay personas que no tienen mucho dinero, pero Dios les da una vida llena de alegría, contentamiento y satisfacción. Y, al revés, algunas personas tienen muchas posesiones, pero es posible que no logren disfrutar lo que tienen y vivan preocupados por el futuro, o ambicionando lo que todavía les falta.

Esta vida abundante que Dios nos promete no implica que nunca tendremos problemas o dificultades. Pero podemos contar con la ayuda de Dios y de la familia de la fe para sobrepasar cualquier problema que pudiera tocarnos. Jesús se refiere a una vida espiritual plena que nos trae una tranquilidad y una paz difíciles de explicar más allá de los momentos de pruebas que podamos atravesar. No significa que seamos intocables, que los problemas no nos traigan dolores de cabeza ni nos cambien el humor. Más bien, reconociendo las luchas que puedan tocarnos, la fe nos permite estar firmes y tener una esperanza que va más allá de lo que podemos entender.

Finalmente, esta vida que Jesús nos promete trasciende esta vida terrenal. Algunas personas creen que la vida concluye con la muerte física. Otros creen que al morir, volvemos a este mismo mundo reencarnándonos nuevamente. La Biblia dice claramente que después de la muerte en este mundo, nos espera una vida en el mundo venidero. Jesús enseñó: «De tal manera amó Dios al mundo, que ha dado a su Hijo unigénito, para que todo aquel que en él cree no se pierda, sino que tenga vida eterna. Porque Dios no envió a su Hijo al mundo para condenar al mundo sino para que el mundo sea salvo por él» (Jn 3:16-17). La Biblia habla de una vida por la eternidad donde los cristianos disfrutaremos para siempre en la presencia de Dios.

Resumiendo, ¿qué es el evangelio?

La palabra «evangelio» se refiere a una «buena noticia»: es la noticia de que Dios se hizo hombre en Jesús y vino al mundo a hacer todo lo necesario para reconciliarnos con él, para ofrecernos un ejemplo de vida, y para prometernos una vida abundante y eterna. Esta es la invitación del evangelio. Ser hijo de Dios es un privilegio que se recibe por fe. Pero la buena noticia continúa. La Biblia dice que nada ni nadie puede separar a los cristianos del amor de Dios. Así lo explica John Stott:

> Pero, ¿qué sucede si peco?, podría preguntar alguien. ¿No anula mi calidad de hijo? ¿Dejo de ser hijo de Dios? No. Pensemos en la analogía de una familia humana. Un hijo es terriblemente grosero con sus padres... Hay tensión en la atmósfera. Se rompe la comunicación entre el padre y el hijo. ¿Qué ha sucedido? ¿El joven ha dejado de ser hijo? ¡No! Su relación no ha cambiado, pero su comunión ha quedado interrumpida. La relación depende del nacimiento; la comunión depende de la conducta. Tan pronto

como el joven pide disculpas, es perdonado. Y el perdón restablece la comunión... Para expresarlo de otra manera, sólo podemos ser justificados una vez, pero necesitamos ser perdonados cada día[9].

Hay una gran diferencia entre aceptar las afirmaciones acerca de quién fue Jesús y el hecho de rendirle nuestra vida. Cuando tomamos la decisión de rendirle nuestra vida, sus promesas se hacen realidad en nosotros: somos reconciliados con Dios y obtenemos paz espiritual, comenzamos a vivir siguiendo el ejemplo de Jesús y empezamos a disfrutar la vida plena y eterna.

| **Tiempo de diálogo** |

¿Qué es lo que más te llama la atención de la vida de Jesús?

¿Cómo definirías hoy tu relación con Jesús?

¿Qué pasos concretos podrías dar para explorar más acerca de la fe?

Durante los próximos encuentros, profundizaremos lo que significa ser discípulos de Jesús creciendo en nuestra fe, amando al prójimo y alumbrando al mundo.

---

9. John Stott, *Cristianismo básico*, p. 213.

| CAPÍTULO 3 |
Devoción, oración y adoración comunitaria

«La oración y la devoción son el motor que permite que nuestra fe siga avanzando, creciendo y fortaleciéndose».

Empecemos nuevamente orando para que Dios nos ayude a entender la importancia de aplicar la fe en nuestra vida de oración y devoción personal, así como en la adoración comunitaria.

Introducción[10]

En los primeros dos encuentros nos dedicamos a entender mejor quién es Jesús y nos desafiamos a entregarle nuestra vida aceptándolo como nuestro Salvador y nuestro Señor. Que Dios sea nuestro Señor implica que intentaremos vivir de una manera que refleje que somos sus discípulos buscando entender mejor el evangelio y poniendo en práctica sus enseñanzas.

La devoción personal y la adoración comunitaria son tan necesarias para el cristiano como el aire y el alimento para cualquier ser humano. El cristiano nutre su fe mediante estas prácticas, sin las cuales su fe se debilita y su relación con Dios se vuelve aburrida y sin sentido. La oración y la devoción son el motor que permite que nuestra fe siga avanzando, creciendo y fortaleciéndose.

---

10. Parte de esta sección está tomada y adaptada del libro *Celebración de la disciplina*, de Richard Foster. Si quieres profundizar este aspecto de tu vida cristiana, te sugerimos leer todo el libro.

La devoción personal

El tiempo devocional es el momento diario que dedicamos a la adoración y meditación personal con el propósito de alimentar nuestra vida espiritual. Jesucristo mismo tenía necesidad de separar un tiempo especial para estar a solas con su Padre. Las biografías de grandes hombres y mujeres de Dios también muestran la necesidad de tener un tiempo devocional.

En el encuentro anterior, leímos el pasaje de Apocalipsis donde Jesús nos invita a abrirle la puerta. Jesús dice: «¡Mira! Ya estoy a la puerta, y llamo. Si alguno oye mi voz y abre la puerta, yo entraré en su casa, y cenaré con él, y él cenará conmigo» (Ap 3:20). Estas palabras estaban dirigidas originalmente a los cristianos que ya eran parte de la iglesia. Quienes hemos entregado nuestras vidas a Cristo tenemos que saber que él desea pasar tiempo con nosotros. Entregarle la vida a Jesús es solo el principio de una larga relación íntima que se fortalece con la devoción diaria. La meditación abre la puerta para que Jesús siga obrando en nuestra vida, haciéndonos cada vez más parecidos a él.

El apóstol Pedro compara la nutrición espiritual con la alimentación de los niños. «Busquen, como los niños recién nacidos, la leche espiritual no adulterada, para que por medio de ella crezcan y sean salvos» (1P 2:2). Así como un niño necesita alimento para crecer físicamente, nosotros necesitamos alimento para crecer espiritualmente. Podemos saltarnos una comida y no estar débiles; pero si dejamos de comer por más tiempo, comenzaremos a sentirnos mal. De igual manera, podemos dejar de nutrirnos con la Palabra de Dios un día, pero si abandonamos nuestra devoción personal por largo tiempo comenzaremos a debilitar nuestra fe.

Lo ideal sería que el tiempo devocional incluya alabanza, oración, lectura de la Biblia y meditación, buscando formas de aplicar a nuestra vida lo que leímos en la Biblia. Es bueno acompañar nuestro estudio de la Biblia con algún libro de reflexiones. Pero aun si nos cuesta llegar a lo ideal, lo que podamos hacer será de gran nutrición para mantener el sano hábito.

Algunas sugerencias pueden ayudar para poner en práctica en esos tiempos de adoración personal. Si eres cristiano hace poco tiempo, es importante que aprendas a tener un tiempo devocional personal, que te conecte con Dios en tu intimidad. Tal vez para los que son cristianos hace mucho tiempo les resulta trillado volver a pensar cómo llevar a cabo un devocional personal. Sin embargo, el tiempo devocional es necesario para todos los cristianos más allá de su crecimiento y madurez espiritual. Y nunca viene mal un recordatorio y una exhortación a valorar nuevamente nuestro encuentro con Dios. Estas sugerencias no son leyes, pero pueden ayudar a encontrar la forma de meditar que mejor se adapte a tu vida. Sé flexible en las formas, pero no dejes de encontrar la mejor manera de conectarte con Dios en tu intimidad.

1. <u>Tiempo:</u> Está de moda decir que no tenemos tiempo. La verdad es que Dios nos da a todos la misma cantidad de tiempo: 24 horas por día, siete días por semana. Si no encontramos el tiempo para dedicarle a Dios, comencemos por pedirle a Dios que nos ayude a organizar mejor nuestro día y darle prioridad en nuestra agenda a tener un tiempo específico para encontrarnos con él.

2. <u>Lugar:</u> En una gran ciudad, la elección de un lugar muchas veces requiere creatividad. Lo mejor sería encontrar un lugar donde no haya distracciones, pero si resulta imposible, tratemos de aprender a concentrarnos.

3. <u>Actitud:</u> Necesitamos tener una actitud de expectativa de lo que podamos aprender. Más allá del tiempo que podamos disponer, esforcémonos por dedicarle un tiempo de calidad. Sin embargo, la cantidad de tiempo también puede agregar calidad a nuestra relación con Dios. Por eso, es importante que cada uno de nosotros encuentre la mejor proporción de tiempo de cantidad y calidad que le podamos dedicar con una actitud de expectativa por lo que vamos a experimentar en nuestro tiempo devocional.

4. <u>Contenido:</u> Más allá de la lectura de la Biblia, actualmente contamos con muchas herramientas para el tiempo devocional, incluyendo libros fáciles de conseguir, aplicaciones en los teléfonos móviles, reflexiones grabadas y páginas web que nos ofrecen meditaciones. La clave es tomar la decisión y hacerlo.

Hay muchos otros aspectos de la devoción personal que podríamos considerar. Sin embargo, la devoción personal no es un hecho aislado, ni puede completarse con un método o una estrategia. Es un modo de vida. Mediante la devoción personal estaremos aprendiendo y creciendo constantemente mientras Dios va completando su obra en cada uno de nosotros. Más allá de todo lo que leamos y estudiemos, la mejor forma de aprender a meditar… es meditando y dedicando un tiempo especial a encontrarnos con Dios.

> **| Tiempo de diálogo |**
> ¿Qué tiempo diario le dedicas a la devoción personal?
> ¿Estás siguiendo un plan de reflexión y crecimiento espiritual?
> ¿Qué obstáculos encuentras para dedicar tiempo a la devoción personal?

La importancia de la oración

Así como pasa con la devoción, es imposible aprender a orar a través de un libro. La mejor forma de aprender a orar es… orando.

1 Tesalonicenses 5:17 dice claramente: «Oren sin cesar». Por supuesto, no creemos que Pablo haya aconsejado a los cristianos que se la pasen arrodillados y no hagan nada más que orar. Más bien, Pablo nos dice que mantengamos una *actitud de oración* en presencia de Dios durante todo el día, más allá de lo que estemos haciendo. Es decir, que seamos conscientes de la presencia de Dios en nuestra vida cotidiana, ya sea en el trabajo, en el estudio, haciendo algún *hobbie* o pasando tiempo en familia. Dios está en todo momento con nosotros y la actitud de oración permanente nos ayuda a percibir más claramente su guía en todo lo que hacemos.

La oración es la avenida principal que Dios usa para transformarnos. No es solo pedirle cosas, sino profundizar nuestra relación. En la oración profunda, comenzamos a pensar como Dios piensa, a desear lo que Dios desea, a amar lo que él ama. Progresivamente aprendemos a ver las cosas desde su punto de vista.

Jesús mismo tenía la buena costumbre de orar. Marcos 1:35 dice: «Muy de mañana, cuando todavía estaba muy oscuro, Jesús se levantó y se fue a un lugar apartado para orar». Para las grandes personas de fe, la oración no fue un pequeño hábito puesto en práctica cada tanto. La oración era su misma vida.

Muchos podemos sentirnos desanimados si nos comparamos con esos «gigantes de la fe». Pero en lugar de sentirnos mal, debemos recordar que Dios siempre nos viene a buscar donde estemos y nos lleva de su mano hacia lo más profundo. Quienes salen a correr ocasionalmente no entran de repente en una carrera olímpica. Se preparan y entrenan durante un periodo, y así debemos hacer nosotros con nuestro crecimiento espiritual.

La oración es algo que se aprende. Los discípulos le pidieron a Jesús: «Señor, enséñanos a orar» (Lc 11:1). En realidad, ellos habían aprendido a orar en su tradición religiosa y seguramente lo hacían con regularidad. Sin embargo, la calidad y el tiempo en la oración de Jesús les hizo reconocer que todavía necesitaban aprender más. Por eso, aunque ya sepas orar, tomemos un tiempo para reflexionar acerca de cómo puedes profundizar tu práctica de la oración. El hecho de entender que la oración incluye un proceso de aprendizaje nos ayuda a no desesperar.

| Tiempo de diálogo |

¿Qué tiempo diario le dedicas a la oración?

¿Qué es lo que más te cuesta para dedicarle tiempo a la oración?

La adoración comunitaria

La adoración es nuestra respuesta al amor de Dios. En términos generales, todo lo que hacemos en la vida puede ser considerado como adoración a Dios, si lo hacemos para él. El apóstol Pablo dice esto en relación a nuestra práctica de la adoración: «La palabra de Cristo habite ricamente en ustedes. Instrúyanse y exhórtense unos a otros con toda sabiduría; canten al Señor salmos, himnos y cánticos espirituales, con gratitud de corazón. Y todo lo que hagan, ya sea de palabra o de hecho, háganlo en el nombre del Señor Jesús, dando gracias a Dios el Padre por medio de él» (Co 3:16-17).

La adoración personal incluye la devoción y la oración personal que desarrollamos anteriormente. La adoración comunitaria se refiere al llamado que Dios nos hace a reunirnos con la familia de la fe para buscar juntos al Señor. La acción de adorar a Dios en comunidad no tiene que ver específicamente con la forma de culto, la liturgia o las canciones utilizadas en la iglesia, sino más bien con nuestro deseo de encontrarnos en comunidad para presentarnos ante Dios.

Un rasgo vital de la iglesia primitiva era que estaban juntos en la adoración. «Todos los días se reunían en el templo, y partían el pan en las casas, y comían juntos con alegría y sencillez de corazón» (Hch 2:46). Esta unidad no es solo estar juntos en un mismo lugar. Más importante aún es estar en un mismo espíritu, adorando al mismo Dios, trascendiendo el individualismo. La fe cristiana ha enfatizado fuertemente la adoración colectiva como complemento de la adoración personal. Aun en circunstancias sumamente peligrosas, entre amenazas y persecuciones, la comunidad primitiva sentía el deseo de no dejar de reunirse. Hebreos 10:25 dice: «No dejemos de congregarnos, como es la costumbre de algunos, sino animémonos unos a otros; y con más razón ahora que vemos que aquel día se acerca».

Las cartas del Nuevo Testamento hablan frecuentemente acerca de la comunidad con el nombre de «cuerpo de Cristo». Para los cristianos de las primeras iglesias era inconcebible vivir aislados los unos de los otros. De esta manera, no solo adoramos a Dios en sentido vertical, sino que también adoramos a Dios amándonos y sosteniéndonos unos a otros.

«No tengo ganas de ir a la iglesia»

Algunas veces escuchamos la pregunta: «Si Dios me escucha en mi casa, ¿para qué tengo que ir a la iglesia?». Es una pregunta válida, con una respuesta sencilla: ¡Ese mismo Dios que te escucha en tu casa es el que te invita a ser parte de su iglesia! Si Dios te habla en tu casa, seguramente te dirá que te reúnas con el resto de tu familia de fe para adorarlo juntos. Participar de los cultos en la iglesia no implica solo reunirte para ser edificado y recibir ayuda de otros, sino también para edificar y ayudar a otros en su fe. No es solo para recibir, sino también para ayudar.

Es posible que a veces no tengamos ganas de reunirnos, prefiramos hacer otros planes de domingo o no queramos cruzarnos con alguna persona que nos haya ofendido. Nadie dice que la iglesia sea siempre el mejor atractivo para adorar a Dios. A veces la música no me gusta; otras veces la predicación me parece aburrida. O simplemente no tengo ganas de estar rodeado de gente porque estoy en un mal día. Sin embargo, es ahí, en esa comunidad imperfecta, donde Dios quiere trabajar en nosotros. Justamente a través de esas personas es que Dios quiere transformarnos.

Por tanto, cuando no tengamos razones válidas que nos impidan asistir, no menospreciemos la importancia de la adoración comunitaria. Vayamos aunque no tengamos ganas, aunque algunas cosas nos desalienten. Vayamos orando, esperando y buscando que Dios haga una nueva obra en nosotros y en la comunidad. Vayamos explorando formas de ser de bendición para otras personas.

| Preguntas para reflexión personal |

 ¿Con qué frecuencia y actitud participas en la adoración comunitaria?

 ¿De qué manera tu crianza o tu cultura influyen en tu actitud hacia la adoración comunitaria?

 ¿Qué cosas te animan a participar o qué cosas te desaniman?

¿Qué decisiones puedes tomar para «no dejar de congregarte» (Heb 10:25)?

 | Desafío a la acción |

Antes de terminar el encuentro de hoy, te animamos a tomar un compromiso de reforzar tu encuentro diario con Dios. Si es posible, te sugerimos que definas con claridad el tiempo que le vas a dedicar, el lugar donde lo vas a hacer y el plan de lectura que utilizarás. De esta forma será más fácil ponerlo en práctica.

Terminemos el encuentro con una oración, pidiendo especialmente que Dios nos ayude a ser constantes en la devoción personal, la oración y la adoración comunitaria.

| CAPÍTULO 4 |
Amar al prójimo

«Los cristianos de la iglesia en el Nuevo Testamento no podían concebir la fe como una religión solitaria. El cristianismo no se queda solamente con la búsqueda de paz espiritual individual, sino que va más allá hacia la restauración y plenitud en nuestras relaciones interpersonales».

«La Biblia no dice que sea fácil amar al prójimo. De hecho, ¡tampoco dice que para Dios sea fácil amarnos a nosotros!».

En los primeros tres encuentros hemos reflexionado acerca de quién es Jesús y lo que significa rendirle nuestra vida aceptándolo como Señor y Salvador. También hemos evaluado la importancia de adorar a Dios mediante la devoción personal, la oración y la adoración comunitaria. Este último desafío de adorar a Dios junto con otras personas implica que la fe cristiana no es para llaneros solitarios, sino que el evangelio nos invita a involucrarnos en una comunidad de fe.

En una oportunidad un maestro de la ley le preguntó a Jesús:

²⁸De todos los mandamientos ¿cuál es el más importante? ²⁹Jesús le respondió: «El más importante es: "Oye, Israel: el Señor, nuestro Dios, el Señor es uno". ³⁰Y "amarás al Señor tu Dios con todo tu corazón, y con toda tu alma, y con toda tu mente y con todas tus fuerzas". ³¹El segundo en importancia es: "Amarás a tu prójimo como a ti mismo". No hay otro mandamiento más importante que éstos» (Mr 12:28-31).

De esta manera, Jesús dejó claro que la relación con Dios incluye también un aspecto horizontal de relación con las personas que nos rodean.

Los cristianos de la iglesia en el Nuevo Testamento no podían concebir la fe como una religión solitaria. El cristianismo no se queda solamente con la búsqueda de paz espiritual individual, sino que va más allá hacia la restauración y plenitud en nuestras relaciones interpersonales. Y la iglesia es el primer ámbito donde se pone en práctica este llamado comunitario de amor al prójimo.

Jesús dijo: «Sobre esta roca edificaré mi iglesia, y las puertas del Hades no podrán vencerla» (Mt 16:18). ¿Pero qué es esa iglesia que Jesús está edificando? En el Antiguo Testamento la palabra aparece unas cien veces y toma la idea de una asamblea, reunión o congregación. En el Nuevo Testamento la misma palabra toma dos sentidos bien definidos: la iglesia que incluye a todos los cristianos de todos los lugares del mundo y de todas las épocas (llamada la *iglesia invisible*), y la congregación local donde se vive y se practica en forma concreta el amor al prójimo (la *iglesia visible*). El resto de este capítulo se enfocará en este último aspecto de la iglesia como la familia de la fe, la comunidad que nos agrupa como cristianos.

¿Para qué existe la iglesia?

La iglesia no es un lugar, ni una institución. Una definición básica de la iglesia podría ser así: la iglesia es un grupo de pecadores alcanzados por la gracia de Dios, salvados por la cruz de Cristo y empoderados por el Espíritu Santo para poner en práctica el Gran Mandamiento y llevar a cabo la Gran Comisión. Así, algunos de los propósitos para los cuales existe la iglesia son los siguientes: adorar a Dios, reflejar la presencia de Jesucristo, anunciar el evangelio, hacer discípulos y reunir a los creyentes.

Con respecto a este último propósito, Dios desea que todos sus hijos estén incorporados de manera activa en alguna congregación. La iglesia es como una gran fogata, donde los cristianos reunimos nuestro brillo y nuestra luz. Cada uno puede brillar por separado, pero, al unirnos, ese resplandor se potencia. Además, esa fogata nos sirve para cuando nos sentimos apagados. Acercarnos al calor nos ayuda a reanimar ese fuego interior de la fe.

De esta forma los cristianos adoran juntos, se edifican, se ayudan y sirven a Dios. Pero no se trata solo de reunir personas que vengan al culto y ayuden en las actividades de la iglesia. La iglesia es mucho más.

Cuando en la iglesia hay relaciones de respeto, de santidad, de amor, de ayuda mutua y de obediencia a la voluntad divina, se ofrece un ámbito donde las personas se sienten acompañadas, ayudadas y bendecidas. El objetivo final es que rindamos juntos toda la gloria a Dios y hagamos su voluntad, siendo sal y luz en la sociedad que nos rodea, poniendo en práctica el ejemplo de Jesús y demostrando que se puede edificar un mundo mejor.

| **Tiempo de diálogo** |

¿Qué cosas te animan o te desaniman a integrarte a la iglesia como comunidad de fe?

¿De qué manera podrías promover relaciones sanas con otros cristianos?

La unidad en la iglesia

El Gran Mandamiento dice: «Amarás a tu prójimo como a ti mismo» (Mt 22:39). Este es el principio de la unidad de la iglesia, que se enfatiza también en otros pasajes de la Biblia como Efesios 4:3-13 y Juan 17:20-23. Este llamado a la unidad siempre comienza en la congregación local. Por esto es importante que la iglesia haga discípulos cuyo carácter haya sido transformado para poder relacionarse de la mejor manera posible con otras personas. La congregación es un ámbito de relación con Dios y con otros cristianos.

La iglesia primitiva se describe en estos términos, mostrando una unidad no solo teórica, sino muy real y concreta: «Al ver las muchas maravillas y señales que los apóstoles hacían, todos se llenaban de temor, y todos los que habían creído se mantenían unidos y lo compartían todo; vendían sus propiedades y posesiones, y todo lo compartían entre todos, según las necesidades de cada uno. Todos los días se reunían en el templo, y partían el pan en las casas, y comían juntos con alegría y sencillez de corazón, mientras alababan a Dios y brindaban ayuda a todo el pueblo. Y cada día el Señor añadía a la iglesia a los que habían de ser salvos» (Hch 2:43-47). Evidentemente, para los primeros cristianos, la fe no se trataba solo de ir a una actividad los domingos, sino que involucraba toda su vida, y el vínculo con los otros cristianos era parte fundamental de su crecimiento en la fe.

En la actualidad sería un desafío vivir como lo hacían los primeros cristianos porque los tiempos cambiaron, y algunas de aquellas costumbres dejaron de ser aplicables a nuestra época. Por ejemplo, con la vida ajetreada que llevamos, podría ser una utopía reunirnos en el templo todos los días. Incluso vender propiedades para ayudar al prójimo sería algo totalmente ajeno a nuestra costumbre. Sin embargo, el relato de los primeros cristianos nos puede ayudar a reflexionar sobre los principios de la comunión familiar en la iglesia y pensar formas en que podamos aplicar esos principios en nuestros tiempos. Quizás no podamos reunirnos en el templo todos los días, ni siquiera sería necesario ya que el templo no es para los cristianos el único lugar de encuentro. Pero podemos pensar distintas maneras de estar conectados durante la semana y hacernos bien mutuamente.

Relaciones que ponen en práctica el amor de Dios

Ya dijimos que el cristiano no es llamado solo a amar a Dios, sino también a amar al prójimo. 1 Juan 4:20-21 lo dice de forma parecida: «Si alguno dice: "Yo amo a Dios", pero odia a su hermano, es un mentiroso. Pues el que no ama a su hermano a quien ha visto, ¿cómo puede amar a Dios, a quien no ha visto? Nosotros recibimos de él este mandamiento: El que ama a Dios, ame también a su hermano». Pero, ¿cómo podemos poner en práctica ese amor con los que nos rodean?

La llamada «zz» que Jesús enseñó en el Sermón del Monte es una buena forma de resumir el amor de Dios: «Todo lo que quieran que la gente haga con ustedes, eso mismo hagan ustedes con ellos, porque en esto se resumen la ley y los profetas» (Mt 7:12). De esta forma somos llamados a superar toda actitud de enemistad y orgullo. Debemos estar dispuestos a reparar toda relación dañada pues somos miembros de un mismo cuerpo, trabajando juntos para edificarnos mutuamente.

Es verdad que muchas veces surgen problemas entre las personas, incluyendo a los cristianos. A veces se dan diferencias particulares entre personas, o también problemas entre sectores o grupos. La Biblia anima a los cristianos a buscar la paz con todos porque el evangelio de Jesucristo siempre nos desafía a la reconciliación.

La iglesia no es un invento humano; Dios creó la iglesia para que los cristianos vivamos la fe en comunidad y pongamos en práctica el amor al prójimo, ayudándonos y edificándonos.

Una forma práctica de integrarnos en la comunidad de fe es participar de algún grupo pequeño de comunión, entablar amistades y buscar espacios en común para compartir nuestras vivencias. De esta manera, nuestro vínculo con la iglesia no será solamente asistir de manera anónima a un culto de adoración, sino vincularme y estrechar lazos con la familia de la fe.

Si nuestra relación con Dios se basara solamente en ir al culto y volverme a mi casa sin hablar con nadie, sería como sentarme a la mesa de mi casa, comer, e irme a dormir, sin siquiera cruzar palabra con el resto de mi familia. La cena es un momento familiar de compartir, no solo de comer. Lo mismo ocurre con la iglesia; Dios nos llama a integrarnos a la familia de la fe, y ayudar a otros a integrarse también.

| Tiempo de diálogo |

¿Cuán integrado te sientes en la familia de la fe?

¿Estás participando en algún grupo de comunión de la iglesia?

¿De qué maneras pueden otros ayudarte a integrarte en la iglesia?

¿De qué maneras puedes tú ayudar a otros a integrarse?

Vínculos de ayuda al prójimo

Cuando le preguntaron a Jesús «*¿quién es mi prójimo?*», él respondió con la parábola del buen samaritano en Lucas 10:30-37:

> ³⁰«Un hombre descendía de Jerusalén a Jericó, y cayó en manos de unos ladrones, que le robaron todo lo que tenía y lo hirieron, dejándolo casi muerto. ³¹Por el camino descendía un sacerdote, y aunque lo vio, siguió de largo. ³²Cerca de aquel lugar pasó también un levita, y aunque lo vio, siguió de largo. ³³Pero un samaritano, que iba de camino, se acercó al hombre y, al verlo, se compadeció de él ³⁴y le curó las heridas con aceite y vino, y se las vendó; luego lo puso sobre su cabalgadura y lo llevó a una posada, y cuidó de él. ³⁵Al otro día, antes de partir, sacó dos monedas, se las dio al dueño de la posada, y le dijo: "Cuídalo. Cuando yo regrese, te pagaré todo lo que hayas gastado de más". ³⁶De estos tres, ¿cuál crees que fue el prójimo del que cayó en manos de los ladrones?». ³⁷Aquél respondió: «El que tuvo compasión de él». Entonces Jesús le dijo: «Pues ve y haz tú lo mismo».

El término «prójimo» no se limita solamente al que está «cerca o próximo», sino a aquel a quien nos acercamos para brindar ayuda. La enseñanza de esta parábola no es solo que tenemos que asistir a las personas que nos vienen a pedir ayuda o a aquellas que están cerca nuestro. En la parábola queda claro que el sacerdote y el levita «vieron» al hombre casi muerto, pero no hicieron nada. Es verdad que ese hombre no estaba pidiendo ayuda... ¡ni fuerzas tenía para pedirla! Es probable que, si ese hombre hubiera pedido ayuda al sacerdote y al levita, tal vez le habrían dado algunas monedas al menos por obligación religiosa. Pero, ¿qué diferencia hay con el samaritano? El hombre casi muerto tampoco pidió ayuda al samaritano, pero este, al verlo, sintió compasión y no pudo seguir impasible su camino.

La parábola nos enseña a tomar la iniciativa y acercarnos nosotros a quienes necesitan compañía y ayuda. No necesitamos esperar que alguien se acerque a pedirnos ayuda. Y no estamos hablando solo de asistencia económica, sino de todo tipo de ayuda que podamos brindar. Jesús nos desafía a buscar proactivamente a aquellos que necesitan un prójimo. Tal vez no conozcamos a esa persona, pero si Dios la pone en nuestro camino, nuestro desafío como cristianos es ser su prójimo y demostrar el amor de Dios.

Pero es difícil amar a ciertas personas

La Biblia no dice que sea fácil amar al prójimo. De hecho, ¡tampoco dice que para Dios sea fácil amarnos a nosotros! Y seguramente piensas que es más fácil amar a algunas personas que a otras. Por eso la Biblia nos ofrece consejos y formas prácticas para desarrollar ese amor. Colosenses 3:12-17 dice:

> [12]Por lo tanto, como escogidos de Dios, santos y amados, revístanse de entrañable misericordia, de benignidad, de humildad, de mansedumbre y de paciencia. [13]Sean mutuamente tolerantes. Si alguno tiene una queja contra otro, perdónense de la misma manera que Cristo los perdonó. [14]Y sobre todo, revístanse de amor, que es el vínculo perfecto. [15]Que en el corazón de ustedes gobierne la paz de Cristo, a la cual fueron llamados en un solo cuerpo. Y sean agradecidos. [16]La palabra de Cristo habite ricamente en ustedes. Instrúyanse y exhórtense unos a otros con toda sabiduría; canten al Señor salmos, himnos y cánticos espirituales, con gratitud de

corazón. ¹⁷Y todo lo que hagan, ya sea de palabra o de hecho, háganlo en el nombre del Señor Jesús, dando gracias a Dios el Padre por medio de él.

De todos estos consejos, podemos separar algunos que son de tolerancia (sean tolerantes, perdónense) y otros de amor activo (revístanse de amor, sean agradecidos). Pero lo que más une a las personas es buscar juntos a Dios y compartir la fe en Cristo. Por eso, este pasaje que se centra en las relaciones entre las personas, concluye con la exhortación a instruirse mutuamente, a cantar alabanzas, y hacer todo «de palabra o de hecho» en el nombre del Señor Jesús. Si todos los cristianos viviéramos así, todo el mundo notaría el amor de Dios en medio nuestro.

| Preguntas para reflexión personal |

¿Hay alguien a quien debas pedirle perdón?

¿Hay alguien a quien necesites perdonar?

¿De qué manera puedes hoy bendecir a alguien?

| Desafío a la acción |

Te animamos a describir formas en que puedes comprometerte a vivir el amor al prójimo y participar en la vida de la iglesia como tu familia de la fe. Algunas ideas podrían incluir participar en algún grupo pequeño de comunión, mejorar el vínculo con alguna persona, visitar a alguien que necesita un prójimo, etc.

| CAPÍTULO 5 |
Alumbrar al mundo

«Las buenas obras no son la causa de nuestra fe, sino la consecuencia».

«Jesús se identifica con los más desprotegidos afirmando que todo lo que hagamos por ellos es como un servicio rendido a él mismo».

*«El énfasis del cristiano no está en convencer a nadie, sino en **compartir** su vida y su fe, y esperar con expectativa a ver lo que Dios haga».*

Hasta aquí hemos reflexionado acerca de quién es Jesús y de la invitación a rendirnos a él como nuestro Señor y Salvador. Aprendimos también a adorarlo mediante la devoción personal y la adoración comunitaria, y comprendimos la importancia de ser parte de la familia de la fe. Pero ahí no termina todo. John Stott escribió: «Los cristianos no están llamados a constituir un círculo cerrado de personas que se admiran mutuamente y solo piensan en sí mismas. Por el contrario, el cristiano debe estar profundamente preocupado por sus semejantes. Y parte de esa vocación cristiana es servir en todo lo que pueda»[11].

Más adelante, Stott continúa diciendo: «Históricamente la iglesia se ha distinguido por su trabajo a favor de los necesitados y los marginados: los pobres, los hambrientos, los enfermos, los discriminados, los presos, los huérfanos, los refugiados, etc. Todavía hoy en todo el mundo los seguidores de Cristo están tratando de aliviar todo tipo de sufrimientos y miserias. Sin embargo, queda mucho por hacer»[12]. En futuras fases, dedicaremos más tiempo a las muchas formas específicas en que los cristianos podemos

---
11. John Stott, *Cristianismo básico*, p. 218.
12. *Ibid*, p. 219.

alumbrar al mundo. Hoy haremos una introducción general y un énfasis sobre la actitud de servicio que corresponde a un discípulo de Jesús.

«No todo cristiano ha sido llamado a ser pastor o misionero, pero el llamado de todo cristiano implica ser un testigo de Jesucristo»[13]. Este llamado implica ser una herramienta útil en las manos de Dios para transformar el mundo. Nuestra responsabilidad es llevar una vida que se caracterice por la autenticidad, el amor, la humildad, la honradez, y el intento por promover los valores del reino de Dios con otras personas, ya sea en la familia, con amigos, colegas del trabajo, compañeros de estudio o aun con desconocidos.

Algunas personas dicen: «Todavía tengo muchas cosas que aprender», o «Mi vida no es como debería ser». Tal vez sentimos que todavía falta que Dios nos transforme a nosotros antes de poder ser útiles. Sin embargo, la actitud de servicio no depende de cuánto hayas crecido en tu fe, sino de cuán dispuesto estás a hacer que tu vida tenga sentido.

La fe y las buenas obras

La Biblia enseña que la salvación se recibe por medio de la fe; la salvación no es algo que podamos conseguir haciendo buenas obras. No hay forma de que podamos convencer a Dios de que somos buenas personas para que nos conceda la vida eterna. Efesios 2:8-9 dice: «Ciertamente la gracia de Dios los *ha salvado por medio de la fe*. Ésta no nació de ustedes, sino que es un don de Dios; *no es resultado de las obras*, para que nadie se vanaglorie». Pero eso no quiere decir que los cristianos estemos exentos de hacer buenas obras.

Ese pasaje continúa así: «Nosotros somos hechura suya; hemos sido *creados en Cristo Jesús para realizar buenas obras*, las cuales Dios preparó de antemano para que vivamos de acuerdo con ellas» (Ef 2:10). Esto significa que, si bien no podemos ganar la salvación mediante las buenas obras, Dios espera que las hagamos como respuesta a su gran amor. **Las buenas obras no son la causa de nuestra fe, sino la consecuencia.** Dado que Dios nos ama, entonces queremos ser útiles en sus manos.

Pablo escribe esta exhortación a Tito: «Ésta es palabra fiel, y en esto quiero que insistas con firmeza, para que los que creen en Dios procuren ocuparse en las buenas obras. Estas cosas son buenas y útiles a los hombres» (Tit 3:8). A veces pareciera que los cristianos son muy espirituales por estar siempre mirando al cielo, cantando y volando por las nubes. Pero Dios

---

13. *Ibid*, p. 219.

también quiere que tengamos los pies bien puestos sobre la tierra, y nos comprometamos con la realidad que se vive en este mundo.

Por eso el apóstol Santiago nos confronta con una profunda reflexión:

¹⁴Hermanos míos, ¿de qué sirve decir que se tiene fe, si no se tienen obras? ¿Acaso esa fe puede salvar? ¹⁵Si un hermano o una hermana están desnudos, y no tienen el alimento necesario para cada día, ¹⁶y alguno de ustedes les dice: «Vayan tranquilos; abríguense y coman hasta quedar satisfechos», pero no les da lo necesario para el cuerpo, ¿de qué sirve eso? ¹⁷Lo mismo sucede con la fe: si no tiene obras, está muerta. ¹⁸Pero alguien podría decir: «Tú tienes fe, y yo tengo obras. Muéstrame tu fe sin obras, y yo te mostraré mi fe por mis obras» (Stg 2:14-18).

| **Tiempo de diálogo** |

¿Qué viene a tu mente al oír la palabra «servicio»?

¿Cómo se concibe el servicio a Dios en tu familia o tu cultura?

¿De qué maneras piensas que has alumbrado al mundo en tu vida?

¿De qué maneras prácticas y concretas podemos ser útiles?

Dios diseñó un plan en el cual se espera que todo cristiano tenga un rol. En 1 Corintios, el apóstol Pablo habla de la iglesia como un cuerpo en el que cada parte cumple su función. Dios decidió darle a cada cristiano un rol determinado. Para cumplir ese rol, el Espíritu Santo nos da las herramientas necesarias y los dones requeridos. Así lo dice Pablo: «Hay diversidad de dones… esto lo hace uno y el mismo Espíritu, que reparte a cada uno en particular, según su voluntad» (1Co 12:4, 11). Y después añade: «Ustedes son el cuerpo de Cristo, y cada uno de ustedes es un miembro con una función particular» (1Co 12:27). No existe una persona que pueda hacer todo lo que hace falta para cambiar al mundo. Y no existe persona que sea irrelevante y no tenga nada para aportar.

En una próxima fase, evaluaremos detenidamente los diferentes dones y talentos que el Espíritu Santo nos da e intentaremos descubrirlos. Mientras tanto, vayamos evaluando diferentes maneras en que podemos usar nuestra fe para servir a otros.

1) Servir en la iglesia

La iglesia es uno de los ámbitos donde servimos para edificarnos mutuamente. Hebreos 6:10 dice: «Dios es justo, y no olvidará el trabajo de ustedes y el amor que han mostrado hacia él mediante el servicio a los santos». El contexto nos enseña que la palabra «santos» en este pasaje se refiere a los cristianos que son parte de la iglesia. Tal como vimos en el encuentro anterior, la iglesia no es un lugar ni una institución, sino un conjunto de cristianos buscando hacer la voluntad de Dios. La iglesia somos nosotros, todos los cristianos, llamados a servirnos y edificarnos mutuamente. Por tanto no tiene sentido esperar que «la iglesia» me sirva a mí, si yo (que soy parte de la iglesia) no estoy sirviendo a otros.

Hay un escrito conocido que dice así:

Había una vez cuatro individuos llamados *Todo el mundo, Alguien, Nadie y Cualquiera*. Siempre que había un trabajo que hacer, *Todo el mundo* estaba seguro de que *Alguien* lo haría. *Cualquiera* podría haberlo hecho, pero *Nadie* lo hizo. Cuando *Nadie* lo hizo, *Alguien* se puso nervioso porque *Todo el mundo* tenía el deber de hacerlo. Al final, *Todo el mundo* culpó a *Alguien* cuando *Nadie* hizo lo que *Cualquiera* podría haber hecho.

Es decir, si *todas* las personas de la iglesia pretenden que otros estén a su servicio, ¡no queda *nadie* en la iglesia para servirles! De igual manera, no tendría sentido que todos los miembros de una familia se sentaran a la mesa si nadie se ocupa de preparar y servir la comida. Por eso, Dios estipuló que todos los cristianos se sirvan unos a otros, ayudándose y edificándose mutuamente.

En la iglesia siempre hay gran cantidad de formas en que podemos servir: algunos roles son más visibles y otros más silenciosos. Pero todos los roles son igual de importantes para Dios. La clave está en que cada uno haga aquello para lo cual se siente llamado, y nadie haga nada por presión u obligación. Servir a otros es un gran privilegio y una gran responsabilidad también.

2) Comprometerse con la sociedad

El servicio del cristiano no se agota hacia el interior de la iglesia. Al contrario, los cristianos tenemos un gran compromiso con todos aquellos que sufren necesidad. La Biblia es muy clara en que Dios tiene especial cuidado de los pobres y los desprotegidos. Y lamentablemente en nuestro contexto hay mucha necesidad. La iglesia fomenta el compromiso social mediante proyectos de ayuda a los más necesitados. Predicando sobre su segunda venida, Jesús enseña lo siguiente en Mateo 25:

> [34]El Rey dirá a los de su derecha: «Vengan, benditos de mi Padre, y hereden el reino preparado para ustedes desde la fundación del mundo. [35]Porque tuve hambre, y ustedes me dieron de comer; tuve sed, y me dieron de beber; fui forastero, y me recibieron; [36]estuve desnudo, y me cubrieron; estuve enfermo, y me visitaron; estuve en la cárcel, y vinieron a visitarme». [37]Entonces los justos le preguntarán: «Señor, ¿cuándo te vimos con hambre, y te dimos de comer; o con sed, y te dimos de beber? [38]¿Y cuándo te vimos forastero, y te recibimos; o desnudo, y te cubrimos? [39]¿Cuándo te vimos enfermo, o en la cárcel, y te visitamos?». [40]Y el Rey les responderá: «De cierto les digo que todo lo que hicieron por uno de mis hermanos más pequeños, por mí lo hicieron».

Jesús se identifica con los más desprotegidos afirmando que todo lo que hagamos por ellos es como un servicio rendido a él mismo. La enseñanza de Juan el Bautista también es muy sencilla de entender, aunque difícil de practicar. Lucas 3:10-11 dice: «La gente le preguntaba: "Entonces, ¿qué debemos hacer?" Y Juan les respondía: "El que tenga dos túnicas, comparta una con el que no tiene ninguna, y el que tenga comida, haga lo mismo"».

Pero más allá de la ayuda a los más necesitados, la sociedad nos presenta muchos desafíos que no dependen del factor económico. Podemos ver necesidad en muchos aspectos de la vida, y la iglesia es llamada a encontrar las mejores formas posibles para bendecir a la comunidad en su contexto. La iglesia no existe para encerrarse en cuatro paredes, sino que es llamada a comprometerse con su ciudad. Aun cuando Israel estaba viviendo en el exilio, Dios exhortó a su pueblo a trabajar por el bien de la ciudad. Jeremías 29:4-7 dice:

> [4]Así ha dicho el Señor de los ejércitos y Dios de Israel, a todos los cautivos que permití que fueran llevados de Jerusalén a Babilonia: [5]«Construyan casas, y habítenlas; planten huertos y coman de sus frutos. [6]Cásense, y tengan hijos e hijas; den mujeres a sus hijos, y

maridos a sus hijas, para que tengan hijos e hijas; y multiplíquense allá. ¡No se reduzcan en número! ⁷Procuren la paz de la ciudad a la que permití que fueran llevados. Rueguen al Señor por ella, porque si ella tiene paz, también tendrán paz ustedes».

Dios no los animó a aislarse, sino a comprometerse y ser parte del progreso y el bienestar de la ciudad. Con este principio en mente, la iglesia puede comprometerse de muchas maneras: proyectos educativos, promoción de la reconciliación racial, desarrollo de valores cristianos mediante las distintas vocaciones y profesiones, actividades relacionadas con la salud, iniciativas ecológicas, prevención de adicciones, fortalecimiento de las familias, cuidado de los adultos mayores, promoción de la cultura y el arte, etc. Las posibilidades son interminables. Cada uno deberá buscar la voluntad de Dios evaluando las oportunidades de servicio en su contexto, y pensando de qué manera su vocación, carrera profesional o contexto laboral le permite plasmar la misión de iluminar al mundo con la luz de Dios.

Tal vez nos ayude no quedarnos con la idea de transformar al mundo, sino concentrarnos en cambiar en algún aspecto el pequeño lugar que tenemos a nuestro alrededor. Tal vez nuestro llamado sea iluminar nuestra familia con una actitud de amor, promover la reconciliación entre colegas del trabajo, atender con actitud pacificadora a quienes vienen a criticar a otras personas, desarrollar relaciones sanas en el edificio donde vivimos, ofrecer oración por personas en necesidad, etc. Qué bueno sería que cada uno de nosotros encontrara la manera de que el mundo sea un mejor lugar gracias a nuestra presencia en él. Que nuestra presencia haga de nuestra ciudad un mejor lugar para vivir.

3) *Compartir la fe*

Una contribución singular que la iglesia puede ofrecer a la comunidad es compartir la fe en Jesucristo y la esperanza de salvación. Los cristianos debemos desarrollar iniciativas para compartir el mensaje del evangelio de Jesucristo a todas las culturas, dando testimonio de lo que Dios ha hecho en nuestra vida. De eso se trata principalmente lo que Jesús nos envía a hacer en la Gran Comisión: «Vayan y hagan discípulos en todas las naciones, y bautícenlos en el nombre del Padre, y del Hijo, y del Espíritu Santo. Enséñenles a cumplir todas las cosas que les he mandado. Y yo estaré con ustedes todos los días, hasta el fin del mundo. Amén» (Mt 28:19-20).

El mayor desafío del compromiso de compartir la fe es tener la actitud y la decisión de vivir naturalmente la fe en las relaciones cotidianas de nuestra vida. La evangelización no es un programa o una actividad, sino algo que hacemos en nuestras actividades diarias. Hay varias posturas e ideas para compartir la fe, pero lo mejor es que cada uno de nosotros encuentre la forma más natural de hacerlo con las personas a nuestro alrededor.

El énfasis del cristiano no está en convencer a nadie, sino en ***compartir*** su vida y su fe, y esperar con expectativa a ver lo que Dios haga. Las conversaciones de fe que tengamos con nuestros amigos no necesitan ser con confrontación, sino más bien llenas de amor y con mucha paciencia, valorando los pequeños avances logrados.

| Preguntas para reflexión personal |

¿De qué manera podrías ser una herramienta útil en las manos de Dios?

¿De qué manera podrías marcar una diferencia en tu contexto?

De las tres áreas mencionadas, ¿cuáles son tus puntos fuertes? ¿Cuáles áreas podrías desafiarte a fortalecer?

| Desafío a la acción |

En Mateo 5:14-16, Jesús nos dice lo siguiente:

> ¹⁴Ustedes son la luz del mundo. Una ciudad asentada sobre un monte no se puede esconder. ¹⁵Tampoco se enciende una lámpara y se pone debajo de un cajón, sino sobre el candelero, para que alumbre a todos los que están en casa. ¹⁶De la misma manera, que la luz de ustedes alumbre delante de todos, para que todos vean sus buenas obras y glorifiquen a su Padre, que está en los cielos.

Es interesante que Jesús no lo plantea como sugerencia, ni tampoco como mandamiento. No dice: «Sería bueno que fueran la luz del mundo». Tampoco ordena: «Ustedes deben ser la luz del mundo». Jesús lo afirma como una realidad: «Ustedes *son* la luz del mundo». Los cristianos somos la luz que Dios dejó en el mundo para traer esperanza. Y no es una luz que producimos nosotros; por eso la luz permanece encendida. Es la luz que Dios pone en nuestra vida. Pero nuestra responsabilidad es permitir que esa luz alumbre nuestro entorno. Si el mundo está en tinieblas, ¿será porque Dios se olvidó de encender la luz? ¿O será porque los designados para iluminar estamos escondidos en las iglesias?

Si tenemos algo para contribuir a la humanidad como cristianos, no dejemos de hacerlo. Un día rendiremos cuentas a Dios por lo que hemos hecho y por las oportunidades que hemos desperdiciado. Dios nos regala el privilegio de que nuestra vida tenga sentido. Es hermoso sentirse útil. No dejemos pasar la oportunidad.

Conclusión y próximo desafío

Hemos concluido la fase inicial del programa de crecimiento en la fe. ¡Felicitaciones!

Que tu camino como discípulo no termine aquí. Ahora te animamos a seguir creciendo como un discípulo de Cristo con las próximas tres fases.

- [ ] **Fase 2: Adorar a Dios:** Marcos 12:30.

- [ ] **Fase 3: Amar al prójimo:** Marcos 12:31.

- [ ] **Fase 4: Alumbrar al mundo:** Mateo 5:14.

Al terminar cada fase, te animamos a encontrarte con otras personas que también hayan concluido esta fase del discipulado. Así podrás compartir tu experiencia y escuchar la experiencia de otros, mientras todos buscamos ser cada vez más como Jesús.

| PLAN DE CRECIMIENTO EN LA FE - FASE 1: EL ABC |

Preguntas de repaso

1) En el primer capítulo leímos sobre diferentes posturas que hay en el mundo acerca de Jesús y te desafiamos a escribir una descripción concreta de quién es Jesús para ti en tu lenguaje, en tu realidad, de una manera que se aplique a tu vida… ¿Quién es Jesús para ti?

2) En el segundo capítulo nos desafiamos a rendirle nuestra vida a Jesucristo como Salvador y Señor. ¿Ya lo habías hecho antes? ¿Estás renovando cada día tu decisión de seguirlo?

3) En el tercer capítulo conversamos sobre la importancia de crecer mediante la devoción personal y la adoración comunitaria. ¿Cómo piensas que está hoy tu vida de oración y devoción personal? ¿Estás siguiendo algún plan devocional? Y en cuanto a la adoración comunitaria, ¿con qué frecuencia y con qué actitud estás participando en los encuentros de adoración?

4) En el cuarto capítulo conversamos sobre la importancia de desarrollar relaciones de apoyo mutuo con la familia de la fe, y participar en la vida de la iglesia. ¿De qué manera estás integrado en la vida de la iglesia? ¿Estás luchando o preocupado por alguna relación en particular? ¿De qué manera piensas que podrías ayudar a otros a sentirse integrados?

5) En el último capítulo nos desafiamos a ser herramientas útiles en las manos de Dios. ¿De qué manera sientes que podrías ser útil? ¿Qué dones y talentos te ha dado Dios? ¿De qué forma puedes hacer una diferencia en tu contexto? ¿En qué áreas te sientes fuerte y cuáles te desafías a fortalecer?

| FASE 2: ADORAR A DIOS |

| FASE 2 |
Adorar a Dios

«Amarás al Señor tu Dios con todo tu corazón, con toda tu alma, con toda tu mente y con todas tus fuerzas» (Mr 12:30)

Nos alegramos de que te hayas unido para continuar tu camino como discípulo de Jesús, creciendo en la fe, adorando a Dios, amando al prójimo y alumbrando al mundo. Estos encuentros pueden servir para quienes están en sus primeros pasos de la fe o para alguien que es cristiano hace mucho tiempo. Todos necesitamos una y otra vez volver a los fundamentos de la fe. Conocer lo elemental de la fe nos ayuda a comenzar nuestra relación con Dios. Pero si nos quedamos solo con el alimento inicial, al tiempo nos debilitaremos y no podremos avanzar hacia las profundidades del conocimiento de Dios.

Si estás participando de estos encuentros en la fase 2, damos por sentado que ya transitaste por la fase 1 de este plan de crecimiento en la fe y estás queriendo avanzar en tu vida cristiana, intentando ser la persona que Jesús quiere que seas. Recordemos que este plan nos propone un crecimiento integral que comprenda los siguientes aspectos de nuestra vida:

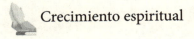 Crecimiento espiritual   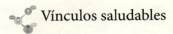 Vínculos saludables

Renovación de la mente   Inteligencia cultural

 Transformación del carácter   Desafío a la acción

Antes de avanzar con la fase 2, vamos a conversar brevemente haciendo un repaso de lo que reflexionamos en la Fase 1, con algunas preguntas para la reflexión personal.

1) En el primer capítulo leímos sobre diferentes posturas que hay en el mundo acerca de Jesús y te desafiamos a pensar en una descripción concreta que describa quién es Jesús para ti en tu lenguaje, en tu realidad, de una manera que se aplique a tu vida… ¿Quién es Jesús para ti hoy? ¿Cambió de alguna manera tu descripción de aquel momento?

2) En el segundo capítulo, nos desafiamos a rendirle nuestra vida a Jesucristo como Salvador y Señor. ¿Ya lo habías hecho antes? ¿Lo harías ahora?

3) En el tercer capítulo, conversamos sobre la importancia de crecer mediante la devoción personal y la adoración comunitaria. ¿Cómo piensas que está hoy tu vida de oración y devoción personal? ¿Estás siguiendo algún plan de devocional? Y en cuanto a la adoración comunitaria, ¿con qué frecuencia y con qué actitud participas en los cultos comunitarios de adoración?

4) En el cuarto capítulo analizamos la importancia de desarrollar relaciones de apoyo mutuo con la familia de la fe, participando en la vida de la iglesia. ¿De qué manera estás integrado en la vida de la iglesia? ¿Estás luchando o preocupado por algún vínculo que necesite atención? ¿De qué manera piensas que podrías ayudar a que otras personas se sientan integradas?

5) En el último capítulo nos desafiamos a ser herramientas útiles en las manos de Dios. ¿De qué manera sientes que puedes ser útil? ¿Qué dones y talentos te ha dado Dios? ¿De qué forma puedes hacer la diferencia en tu contexto? ¿En qué áreas te sientes fuerte y cuáles te desafías a fortalecer?

Crecer en la fe también nos permite disfrutar más de nuestro Señor Jesucristo y vivir más de acuerdo a su propósito. En 1 Pedro 2:2-3 leemos: «Deseen con ansias la leche pura de la palabra, como niños recién nacidos. Así, por medio de ella, crecerán en su salvación, ahora que han probado lo bueno que es el Señor». Estamos en este camino porque creemos que mientras estemos en esta vida, siempre nos quedarán cosas por aprender de Dios.

En estos encuentros, nos proponemos trabajar en un ámbito confidencial y seguro los aspectos que definen a un discípulo maduro de Jesús que quiere responder al gran llamado que hace Dios al ser humano: «Amarás al Señor tu Dios con todo tu corazón, con toda tu alma, con toda tu mente y con todas tus fuerzas» (Mr 12:30).

| CAPÍTULO 6 |
Adorar a Dios con tu corazón y tu alma

«La religión que Jesús enseña no es complicada ni difícil, porque no se trata tanto de una obediencia forzada, sino de una relación de amor».

«Dios es más que suficiente. Todo lo que necesitamos está en Dios. Y lo que no encontramos en Dios, en realidad no lo necesitamos».

Tal como vimos en la Fase 1, ser cristiano implica aceptar a Jesucristo como Señor y Salvador. Hebreos 12:2 dice que Jesús es «el autor y consumador de nuestra fe». Esto quiere decir que si tenemos fe es porque Dios sembró su semilla en nuestra vida y nos hizo salvos por medio de Jesucristo. Pero ser cristiano no es el final de la historia y no está vinculado solamente con la vida eterna en el cielo. A través de Jesús, Dios nos perdona todas nuestras faltas y nos recibe con abrazo paternal, pero también Dios nos promete la ayuda del Espíritu Santo para llevar a cabo su obra en nosotros, moldeando nuestra vida en esta tierra.

En Marcos 12, un maestro de la ley se acerca a Jesús y le hace esta pregunta: «De todos los mandamientos, ¿cuál es el más importante?» (Mr 12:29). ¿Por qué le pregunta esto? Posiblemente porque quería asegurarse de estar enseñando bien y obedeciendo todos los mandamientos; no solo los Diez Mandamientos tradicionales sino también todo lo que la tradición religiosa había agregado: 613 preceptos de la ley oral con 365 prohibiciones y 248 mandamientos. Evidentemente, ya no era tan sencillo regular la obediencia a Dios y asegurarse de estar procediendo bien. Pero la religión que Jesús enseña no es complicada ni difícil, porque no se trata tanto de una obediencia forzada, sino de una relación de amor.

La respuesta no fue lo que esperaban. En vez de ampliar aún más la complejidad de la religión, Jesús vuelve al origen y resume todos los mandamientos en solo dos: amar a Dios con todo tu ser (Dt 6:5) y amar al prójimo como a ti mismo (Levítico 19:18). En la próxima fase de este plan de crecimiento en la fe profundizaremos la segunda parte, el amor al prójimo. En esta fase, nos dedicaremos a estudiar en profundidad lo que implica amar a Dios con todo nuestro ser.

Dios nos invita a que la fe no quede enfrascada en solo un aspecto o rincón de nuestra vida, sino que irrumpa en todo lo que somos y hacemos. Por eso insistimos en que el cristianismo no es un conjunto completo de reglas a seguir, sino una hermosa relación de amor a Dios, lo cual trae como consecuencia una vida que quiere agradarle. Veamos de qué maneras ponemos en práctica este llamado.

1) *Amar a Dios con todo tu corazón*

El corazón es a menudo mencionado en la Biblia, y en particular en el pensamiento griego, como el lugar de los afectos y de las pasiones, las emociones y los deseos. El carácter y la personalidad son aspectos de nuestra vida en los que Dios quiere moldearnos. Las personas tienen distinto temperamento, carácter y personalidad como cualidades únicas de cada individuo. Pero ciertamente, como Señor de nuestra vida, Dios querrá trabajar en nuestra personalidad, haciéndonos reconocer las fortalezas y debilidades de nuestro carácter, y transformándonos para ser cada vez más parecidos a Jesús.

Empecemos con algunos ejemplos. A veces escuchamos frases que parecieran indicar que un cristiano debe reprimir sus emociones. Algunas frases pueden servir de ejemplo: «Un cristiano nunca debería estar triste»; «un cristiano nunca debería enojarse». Esto simplemente no es cierto. Es más, justamente estos dos ejemplos que se supone que son negativos, están presentes en la vida de Jesús. Marcos 3:5 dice: «Jesús los miró con enojo y tristeza, al ver la dureza de sus corazones».

Según la Biblia, a veces está bien estar triste. Pablo lo explica así: «La tristeza que proviene de Dios produce arrepentimiento para salvación, y de ésta no hay que arrepentirse, pero la tristeza que proviene del mundo produce muerte» (2Co 7:10). Entonces, no está mal para un cristiano estar triste, pero si esa tristeza se apodera de su corazón, y lo hace dudar de la esperanza en Cristo, entonces Dios lo va a llamar a luchar contra esa tristeza.

También la Biblia nos muestra que Jesús se enojó y no por eso dejó de ser Dios. De hecho, seguramente quedaron sorprendidas las personas que estaban presentes en lo que se llamó «La purificación del templo», cuando Jesús volcó las mesas de los comerciantes y los expulsó del templo. Pero el enojo de Jesús fue por una justa causa, y sus emociones no lo llevaron a pecar. Así que no es pecado enojarnos... sin embargo, si un cristiano permite que su enojo lo domine y termina enojándose siempre por cualquier cosa, en ese caso Dios lo llamará a trabajar para moderar su ira y evitar ser esclavo de ella. Pablo plantea un permiso para enojarse, pero con un límite sano: «Enójense, pero no pequen; reconcílliense antes de que el sol se ponga y no den lugar al diablo» (Ef 4:26-27).

Estos dos ejemplos nos sirven para ampliar el panorama, evaluar nuestra vida, y encontrar aspectos de nuestro carácter o personalidad, de nuestras emociones o reacciones, que tal vez Dios quiera transformar. No se puede hacer un listado de emociones o reacciones correctas o incorrectas de manera absoluta. El llamado de Dios es que nos evaluemos y seamos conscientes de nuestras debilidades, fortaleciendo las áreas que necesitan mayor atención y controlando las reacciones que no se corresponden con nuestra fe. Resumiendo este llamado, Pablo nos dice: «Desechen todo lo que sea amargura, enojo, ira, gritería, calumnias, y todo tipo de maldad. En vez de eso, sean bondadosos y misericordiosos, y perdónense unos a otros, así como también Dios los perdonó a ustedes en Cristo» (Ef 4:31-32). De esta forma, Pablo nos anima a transformar nuestras reacciones negativas en acciones positivas.

| **Tiempo de diálogo** |

Conversemos acerca de cómo Dios podría querer transformarnos a cada uno de nosotros. El objetivo de conocer mejor nuestra personalidad y carácter es comprender nuestras fortalezas y debilidades para amoldarnos más a Jesús.

> Te invitamos a compartir un aspecto de tu carácter o personalidad que piensas que agrada a Dios y un aspecto de tu carácter o personalidad que piensas que Dios quiere transformar.
> ¿Te animas?

Sería bueno que nos comprometiéramos a orar los unos por los otros, agradeciendo a Dios por nuestras características que le agradan y pidiéndole que nos ayude a ser transformados en los aspectos mencionados.

Ahora continuemos con el segundo desafío.

2) *Amar a Dios con toda tu alma*

Entre las diferentes áreas mencionadas en Marcos 12:30, tal vez el alma es lo que más controversia ha producido. A modo de introducción, podemos decir que cuando Dios viene a nuestra vida, no espera tener un pequeño rincón en nuestra vida, sino tomar todo el control espiritual. Si aceptamos el mensaje de la Biblia, sabremos que toda nuestra vida espiritual se basa en la vida de Jesucristo y la llenura del Espíritu Santo, y no hay ninguna otra cosa espiritual que pueda agregar nada a la obra que Dios ya está haciendo.

El llamado de Dios a amarlo con toda nuestra alma incluye hacer lo que Jesucristo nos mandó: «Reciban el Espíritu Santo» (Jn 20:22). Pero es interesante reforzar que, cuando el Espíritu Santo toma el control de nuestro espíritu, puede entrar en conflicto con algunas creencias religiosas, prácticas espirituales de nuestro pasado o de nuestro presente. Esto podría suceder, por ejemplo, con cualquier práctica idolátrica, espiritista, ocultista, u otras que pretendan competir con Dios, o añadir algo a Dios. Cuando el Rey Manasés comenzó su reinado, la Biblia lo describe así:

> [2] Hizo lo malo a los ojos del Señor, y cayó en las repugnantes prácticas de las naciones que el Señor había expulsado de la presencia de los israelitas… [3] levantó otros altares a los baales, hizo imágenes de Asera, y adoró a todo el ejército de los cielos y les rindió culto… [4] edificó también altares en el templo del Señor, del cual había dicho el Señor: «Mi nombre estará en Jerusalén para siempre», [5] y en los dos atrios del templo del Señor levantó altares a todo el ejército de

los cielos; ⁶en el valle de Ben Jinón ofreció a sus hijos en holocausto, invocaba a los espíritus, practicaba la adivinación, y consultaba a agoreros y encantadores, con lo que excedió su maldad a los ojos del Señor y despertó su ira» (2Cr 33:2-6).

La Biblia condena enfáticamente toda especie de idolatría, hechicería, adivinación, superstición, brujería, horóscopo, magia, y cualquier búsqueda espiritual que no esté enfocada en Dios Padre, Hijo y Espíritu Santo. Cuando las personas consultan cualquiera de esas prácticas que Dios condena, en general lo hacen buscando algún beneficio: la restauración de una relación, prosperidad económica, salud, etc. Pero buscarlo en algo que no es Dios, demuestra que esa persona no confía plenamente en el poder, la sabiduría o la bondad de Dios. Un cristiano que se asume como discípulo de Jesús nunca recurrirá a tales prácticas. Dios es más que suficiente. Todo lo que necesitamos está en Dios. Y lo que no encontramos en Dios, en realidad no lo necesitamos. Así se lo expresó Dios a Pablo, después de responder negativamente a su oración: «Con mi gracia tienes más que suficiente, porque mi poder se perfecciona en la debilidad» (2Co 12:9).

Dios también nos dice en la Biblia: «De ninguna manera te inclinarás ante ningún otro dios, porque yo, el Señor, soy un Dios celoso» (Éx 34:14). Dios no comparte su lugar con otros ídolos que pretenden ser el centro de nuestra vida. En Juan 14:6 Jesús dice claramente: «Yo soy el camino, la verdad, y la vida; nadie viene al Padre, sino por mí».

Cuando el apóstol Pablo llegó a la ciudad de Atenas, la Biblia dice que «su espíritu se enardeció al ver que la ciudad estaba llena de ídolos» (Hch 17:16). Al comenzar la explicación de su fe ante el Areópago, donde lo estaban interrogando, Pablo dijo lo siguiente: «Varones atenienses, he observado que ustedes son muy religiosos. Porque al pasar y observar sus santuarios, hallé un altar con esta inscripción: "Al Dios no conocido". Pues al Dios que ustedes adoran sin conocerlo, es el Dios que yo les anuncio» (Hch 17:22-23). Luego de esta introducción, Pablo les muestra la gran diferencia entre los ídolos de estatuas y el Dios verdadero que nos ama y está dispuesto a entregar a su Hijo Jesucristo para el perdón de nuestros pecados. No es un dios de piedra, ciego y mudo, sino un Dios con un gran amor que quiere que «todos los hombres sean salvos y lleguen a conocer la verdad» (1Ti 2:4).

Pero la idolatría no se refiere solamente a estatuas, sino a todo lo que haya en nuestro corazón que quiera quitar a Dios del centro. El apóstol Pablo lo resume muy claramente: «Amados míos, huyan de la idolatría» (1Co 10:14). Esta misma enseñanza puede aplicarse a distintos ídolos modernos, como el dinero, la formación académica, la profesión, los contactos en el poder... o cualquier otra cosa donde pongamos nuestra confianza, donde busquemos la solución a nuestras necesidades espirituales y donde pretendamos encontrar felicidad y satisfacción. En el Sermón del Monte, Jesús enseña lo siguiente: «No se preocupen por su vida, ni por qué comerán o qué beberán; ni con qué cubrirán su cuerpo... Busquen primeramente el reino de Dios y su justicia, y todas estas cosas les serán añadidas» (Mt 6:25, 33). Claro que tenemos necesidades; Jesús no niega eso. Pero nos anima a no buscar soluciones en cualquier lugar, sino solamente en la fuente de vida eterna.

Pablo nos dice: «Sean llenos del Espíritu» (Ef 5:18). No dice que tengas un pedacito del Espíritu Santo en algún lugar de tu vida. Dice claramente que el Espíritu Santo llene todo tu ser, sin dejar lugar para ninguna otra práctica espiritual que pretenda entrometerse. En el tiempo de diálogo, conversaremos sobre nuestro pasado y formas en que tal vez Dios quiera purificar nuestra vida espiritual.

| Tiempo de diálogo |

¿Alguna vez has participado en rituales espirituales no cristianos?

¿Qué consecuencias podría tener esa participación en el presente?

| Preguntas para reflexión personal |

¿Piensas que hay alguna práctica en tu vida actual que compita con Dios?

¿Estás dispuesto a abandonar todas las prácticas que te alejan de Dios y centrar tu vida solamente en Jesucristo?

¿Alguna vez le has pedido al Espíritu Santo que llene tu vida?

Concluyamos este encuentro orando para que Dios nos guíe a amarlo siempre con todo nuestro corazón y con toda nuestra alma.

| CAPÍTULO 7 |
Adorar a Dios con tu mente y tus fuerzas

«Seguir a Dios es un compromiso para toda la vida, que influye en gran manera en lo que hagamos en todos los ámbitos de la vida».

«La mayordomía del tiempo no puede limitarse solamente a las horas que dedicamos a las actividades de la iglesia, sino que se aplica a hacer la voluntad de Dios en todas las áreas de nuestra vida».

En el capítulo 5 describimos y trabajamos sobre la primera mitad de Marcos 12:30: «Amarás al Señor tu Dios con todo tu corazón, con toda tu alma, con toda tu mente y con todas tus fuerzas». Hoy avanzaremos profundizando en lo que significa amar a Dios con toda nuestra mente y con todas nuestras fuerzas.

1) Amar a Dios con toda tu mente

Algunas veces se ha pensado en la fe como algo que no necesita al intelecto, sugiriendo que no hace falta pensar para creer. Es más, algunos extremistas han desanimado el estudio y el crecimiento intelectual, menospreciándolo frente al conocimiento espiritual.

Además, la Biblia también nos anima a desarrollar el intelecto y fortalecer el ejercicio de reflexionar sobre nuestra fe. El Salmo 32:9 dice: «No seas como los caballos ni como las mulas, que no tienen discernimiento» (NVI). La presencia de Cristo en nuestra vida es una fuente interior de sabiduría, una fuente de discernimiento que supera la comprensión humana. Cuanto más crezcamos en Cristo, aprendiendo las verdades del evangelio y profundizando nuestra reflexión acerca de cómo aplicarlo en nuestra vida, tanto mejor preparados estaremos «para responder a todo el que les pida razón de la esperanza que hay en ustedes» (1Pe 3:15).

En un artículo llamado *Cómo desarrollar una mente cristiana*[14], John Stott propone que el uso correcto de la mente produce tres resultados beneficiosos: glorifica a Dios, enriquece nuestra vida cristiana, y fortalece nuestro testimonio.

a) *Glorifica a Dios*
En el artículo mencionado, John Stott afirma: «Siendo nuestro Creador un Dios racional que nos hizo seres racionales a su imagen y semejanza, y habiéndonos dado en la naturaleza y en las Escrituras una revelación racional, espera que usemos nuestra mente para estudiar su revelación. Al estudiar el universo y leer las Escrituras estamos pensando los pensamientos de Dios como él quiere. Por esto, un uso correcto de nuestra mente glorifica a nuestro Creador».

b) *Enriquece nuestra vida cristiana*
No podemos crecer en nuestra vida cristiana sin la utilización sabia de nuestra mente. Nuevamente Stott agrega: «Ningún área del discipulado es posible sin el uso de nuestra mente… La fe es una confianza razonable y es otro ejemplo de la manera en que Dios nos guía». Sin duda toda nuestra vida es guiada por nuestros pensamientos. Por tanto, si no existe una rendición total de nuestros pensamientos a Cristo, nuestra vida no reflejará la profesión de nuestra fe cristiana.

c) *Fortalece nuestro testimonio*
A veces algunas personas piensan que el evangelio es algo trivial y menosprecian su mensaje porque no lo comprenden. Los apóstoles compartían su fe razonando con sus oyentes, y mucha gente se acercaba a Dios mediante el ejercicio de reflexionar juntos acerca de las Escrituras. Pensar y utilizar argumentos racionales al compartir nuestro testimonio no es incompatible con la obra del Espíritu Santo. Precisamente, nuestra oración es que Dios abra «la mente» de quienes oyen nuestro mensaje. Finalmente, Stott explica que «Pablo puso su confianza en el poder del Espíritu Santo, pero no por eso dejó de pensar y argumentar. El anti-intelectualismo es

---

14. John Stott, Cómo desarrollar una mente cristiana. En http://www.iglesiareformada.com/Stott_Desarrollar_Mente.html. Acceso: 4 de enero de 2018.

algo negativo y destructivo, insulta a nuestro Creador, empobrece nuestra vida cristiana y debilita nuestro testimonio».

Romanos 12:2 dice: «No adopten las costumbres de este mundo, sino transfórmense por medio de la renovación de su mente, para que comprueben cuál es la voluntad de Dios, lo que es bueno, agradable y perfecto». Este pasaje, junto con su contexto, apoyan la idea de que el culto a Dios no es algo solamente emocional, ni meramente comunitario, sino también un ejercicio intelectual. Nuestra mente está involucrada en nuestra adoración a Dios.

No creemos que el culto sea un ritual mágico que nos transforma por el simple hecho de estar presentes en el templo mientras se desarrolla la ceremonia. Tranquilamente podemos asistir a la iglesia todos los domingos y salir exactamente igual de como entramos. El desafío es que nuestra mente sea transformada y podamos reflexionar sobre nuestra vida cada vez que venimos a adorar a Dios. De hecho, la transformación que Dios quiere hacer en nuestra vida comienza a gestarse en nuestra mente. Por eso, no dejemos nuestra mente fuera del plan de Dios. Otras formas de utilizar el intelecto para la adoración a Dios pueden ser, por ejemplo, reflexionar sobre las enseñanzas del evangelio, aceptar desafíos de educación cristiana y profundizar nuestra meditación bíblica.

Muchas veces se ha comparado nuestra mente con un recipiente que llenamos con diferentes tipos de información. Algunas veces nuestra mente se nutre con aquello que leemos o estudiamos. Otras veces nuestra mente se ensucia o se embota. Cuando Jesús tiene que explicar el milagro de los panes y los peces, dice: «Tenían la mente embotada y no habían comprendido» (Mr 6:52). Amar a Dios con toda nuestra mente implica permitir que nuestro intelecto sea alimentado por Dios y así nuestro entendimiento sea renovado. En el tiempo de diálogo, conversaremos sobre cómo estamos alimentando nuestro intelecto y de qué manera podríamos amar más a Dios con nuestra mente.

| **Tiempo de diálogo** |

¿Con qué estás nutriendo tu mente?

¿Qué actividades pueden estar ensuciando o embotando tu mente?

¿De qué maneras puedes comprometerte a alimentar mejor tu mente?

2) Amar a Dios con todas tus fuerzas

Vivimos en una sociedad cada vez más hiperactiva. Siempre tenemos muchas opciones de entretenimiento para dispersar nuestra mente. Sin embargo, también nos vamos acostumbrando a dedicar poco compromiso real con lo que hacemos, porque la sociedad en general es cada vez más cambiante. Hoy me gusta algo; mañana deja de gustarme. Pero seguir a Dios es un compromiso para toda la vida, que influye en gran manera en lo que hagamos en todos los ámbitos de la vida. Amar a Dios con todas tus fuerzas es entregarte apasionadamente a él. Seguirlo aun cuando tus fuerzas flaqueen, cuando se caigan los brazos, cuando parezcas estar atrapado. Amar a Dios con todas tus fuerzas es seguirlo con todo fervor.

Por otro lado, todos los seres humanos tenemos energía limitada. Después de cierto tiempo de hacer cualquier actividad, comenzaremos a debilitarnos y necesitaremos un tiempo para descansar. De esta manera, todas las actividades que hagamos competirán por utilizar nuestra energía, dejándonos sin fuerzas para otras actividades que tal vez sean más importantes o urgentes. La utilización de nuestras fuerzas dependerá de la prioridad que le demos a las distintas invitaciones que podamos tener.

Amar a Dios con todas las fuerzas implica dar todo por él, teniéndolo como la mayor prioridad de nuestra vida. Apocalipsis 3:14-16 dice así: «Escribe al ángel de la iglesia en Laodicea: Así dice el Amén, el testigo fiel y verdadero, el principio de la creación de Dios: "Yo sé todo lo que haces, y sé que no eres frío ni caliente. ¡Cómo quisiera que fueras frío o caliente! Pero como eres tibio, y no frío ni caliente, te vomitaré de mi boca"». Luego, en esta misma carta, los cristianos de Laodicea son confrontados con una dura declaración: ustedes tienen una gran autoestima, piensan que lo tienen todo, pero no se dan cuenta de que les falta lo más importante: pasar tiempo de intimidad con Jesús.

El «gran llamado» nos ordena amar a Dios con todas nuestras fuerzas. Es posible que pienses que ya haces demasiado por Dios y que lo tienes muy presente en tu vida. Si es así, no te detengas. La invitación de la Biblia a dedicar a Dios todas nuestras fuerzas se puede describir así: «No seas un tibio... si eres de Cristo, juégate en serio». Es una decisión demasiado importante como para tomarla a la ligera. Si realmente crees que Jesús es el Hijo de Dios, tu vida no puede seguir igual... Jesucristo reclama toda nuestra atención, todas nuestras fuerzas, toda nuestra vida.

Algunos podrían estar pensando: «¡Tampoco hace falta ser un fanático!». Es verdad que muchas religiones están repletas de fanáticos. En general, el fanatismo fundamentalista es rechazado por la sociedad, especialmente por los ejemplos de violencia con la cual pretenden imponer los principios de su religión sobre otras personas. En este sentido, el mensaje de Jesús nunca aceptaría utilizar la violencia para imponer la fe cristiana sobre otros, independientemente de que en algunos momentos de la historia la iglesia cristiana lo haya intentado. Jesús siempre predicó un mensaje pacífico, una invitación a la fe, no una imposición. Por esto, de ninguna manera estamos proponiendo un fanatismo fundamentalista, extremista e intolerante con los que piensan diferente.

Sin embargo, ¿qué significa realmente ser fanático? La palabra «fanático» deriva del término en latín *fanum*, que significa «templo» o «santuario». Posteriormente, comenzó a designarse como *fanáticos* a los porteros o vigilantes nocturnos que cuidaban los templos. Esto pronto derivó en utilizar la palabra para quienes pasaban mucho tiempo en el templo. En los primeros años del cristianismo, los romanos llamaban *fanáticos* a los seguidores de Jesús. Curiosamente, en la iglesia primitiva, no eran los *fanáticos* cristianos que perseguían a los que pensaban diferente, sino que los *fanáticos* eran los perseguidos por pensar diferente. Algunos de ellos, al igual que Cristo, terminaron siendo asesinados, llegando a ser así los primeros mártires del cristianismo.

En comparación con esa época, la sociedad occidental actual no presenta ese tipo de persecución a los cristianos. Sin embargo, los cristianos de la actualidad en general tampoco manifiestan la misma pasión por Cristo que había en la iglesia primitiva. De manera contraria a como se usa a veces el concepto de fanatismo, los cristianos somos llamados a estar apasionados por Cristo. Sin llegar al extremismo de imponer nuestras creencias sobre otros con violencia e intolerancia, los cristianos somos llamados a darlo todo por Jesús.

Ese es el ejemplo supremo que Jesús nos dio, entregando hasta su misma vida para obtener el perdón de nuestros pecados. En ese sentido, podríamos dar vuelta la moneda y decir que Dios es un fanático de nosotros... «Porque de tal manera amó Dios al mundo, que ha dado a su Hijo unigénito, para que todo aquel que en él cree no se pierda, sino que tenga vida eterna. Porque Dios no envió a su Hijo al mundo para condenar al mundo, sino para que el mundo sea salvo por él» (Jn 3:16-17). A Jesús no le dio vergüenza ni temor entregar su vida por nosotros. No tengamos nosotros vergüenza ni temor de mostrar al mundo con pasión nuestro amor por Jesús. No dudemos en amar al Señor nuestro Dios con todas nuestras fuerzas.

Ahora bien, más allá de nuestras buenas intenciones, es verdad que puede haber tiempos cuando nos sintamos verdaderamente abatidos y sin fuerzas. En esos momentos Dios no nos deja ahí abandonados, sino que él mismo viene a levantarnos. Deuteronomio 8:17-18 dice: «No vayas a decir en tu corazón: "Mi poder y la fuerza de mi brazo me han hecho ganar estas riquezas". Más bien, acuérdate del Señor tu Dios, porque él es quien te da el poder». Pablo también recuerda su tiempo de debilidad y dice: «Pero el Señor sí estuvo a mi lado, y me dio fuerzas» (2Ti 4:17).

| **Preguntas para reflexión personal** |

¿Estás amando al Señor tu Dios con todas tus fuerzas?
¿En qué momentos te sientes débil y sin fuerzas?
¿Hay algo que te quite fuerzas para tu crecimiento espiritual?

¿Cómo podrías reacomodar el uso de tu energía para aprovecharla mejor?

La relación de la energía con la administración del tiempo

El uso de nuestras fuerzas está muy vinculado con la forma en que administramos nuestro tiempo. El tiempo también es un regalo que Dios nos da para que lo usemos bien, de acuerdo con sus propósitos durante esta vida. Llegará un día cuando viviremos en la eternidad, sin tiempo; pero en esta tierra Dios nos otorga cierto tiempo para aprovecharlo sabiamente.

Cuando hablamos de la administración o la mayordomía del tiempo, no nos referimos a la cantidad de horas que pasamos dentro de la iglesia, sino en cómo utilizamos el tiempo en nuestras actividades cotidianas. La administración sana del tiempo tiene que ver con nuestras prioridades. Como dice Jesús: «Donde esté tu tesoro, allí también estará tu corazón» (Mt 6:21). Por naturaleza, dedicaremos más tiempo a aquellas cosas que consideramos prioritarias, y dejaremos menos tiempo para aquello que consideramos secundario. La administración del tiempo no tiene que ver con optimizar la agenda para meter más actividades, sino con evaluar las prioridades de nuestra vida que llenan la agenda.

Veamos algunas características del tiempo que influyen en cómo lo usamos:

- ☐ El tiempo es igual para todos. No hay diferencia en la cantidad de tiempo que Dios nos da. Lo diferente son las etapas de la vida, las responsabilidades que asumimos, o los gustos que queremos darnos. Pero no sirve quejarnos de que no nos alcanza el tiempo. Lo importante es evaluar cómo podemos administrarlo mejor.

- ☐ El tiempo no puede acumularse y guardarse para más adelante. El tiempo que no usamos sabiamente, se pierde y no puede recuperarse. Esto no quiere decir que debemos hacer actividades todo el tiempo. Sin duda las horas de descanso son un tiempo bien aprovechado. De hecho, es por eso que Dios nos enseña a guardar un día de reposo, para detener todas las actividades regulares y reenfocarnos en Dios y en lo que él quiere hacer en nuestra vida.

Por eso el salmista le pide a Dios: «Enséñanos a contar nuestros días de tal manera que traigamos al corazón sabiduría» (Sal 90:12). Como no podemos cambiar la cantidad de tiempo que recibimos, el mandato bíblico es que lo usemos sabiamente. Pablo dice: «Miren, pues, con cuidado, cómo se comportan; no como imprudentes sino como prudentes, redimiendo el tiempo porque los días son malos» (Ef 5:15-16). Lo más importante de la administración del tiempo es entender la voluntad de Dios, lo que Dios quiere que hagamos. De esa forma, ya no habrá duda de que esa debe ser nuestra prioridad al asignar la cantidad de tiempo que dedicamos a cada actividad. La agenda no puede llenarse con las urgencias de los demás, sino con las prioridades de la voluntad de Dios. Es por esto que la mayordomía del tiempo no puede limitarse solamente a las horas que dedicamos a las actividades de la iglesia, sino que se aplica a hacer la voluntad de Dios en todas las áreas de nuestra vida, en todos los lugares donde estemos, en todo momento. Administrar bien el tiempo implica cuidar bien a nuestra familia, hacer bien nuestro trabajo, tomar el descanso en su sana medida, compartir nuestra fe con otras personas, separar un tiempo para nuestro devocional personal y por supuesto también, dedicar tiempo a reunirnos con la iglesia.

| **Tiempo de diálogo** |

¿Cómo podemos amar a Dios con todas las fuerzas en nuestra situación particular? Reflexionemos acerca de las siguientes áreas de la vida a las que dedicamos tiempo en una semana normal: descanso, trabajo, estudio, iglesia, vida devocional, vida social, recreación, familia, hobbies, deportes, etc.

¿De qué manera se utiliza el tiempo en la cultura a tu alrededor?
¿A qué actividades se les dedica mayor cantidad de tiempo?

¿Qué áreas de tu vida necesitarían más tiempo?
¿En qué áreas podrías invertir menos tiempo?

Jesucristo como centro de tu vida

La única manera de amar a Dios con todo tu corazón, con toda tu alma, con toda tu mente y con todas tus fuerzas es rendirle tu vida a Jesucristo como Señor y Salvador. Esa forma de vida no es resultado de meros hábitos y costumbres piadosas. Es el fruto de una relación con Jesús.

Cuando el apóstol Pablo relata su encuentro con Dios, su pregunta fue: «Señor, ¿qué debo hacer?» (Hch 22:10). El cristianismo no es solo la aceptación pasiva de una serie de afirmaciones, por más ciertas que sean. Podemos creer que Cristo es el Salvador del mundo y reconocer que somos pecadores con la necesidad de esa salvación, pero no es eso lo que nos hace cristianos. Somos invitados a responder a Jesucristo personalmente, confiando sin reservas en él y recibiéndolo en nuestra vida de dos maneras: como nuestro **Salvador** y como nuestro **Señor**.

El hecho de que Jesús sea nuestro **Salvador** nos lleva a aceptar su perdón y recibir una nueva oportunidad en la vida. Pero aceptar a Jesús como nuestro **Señor** implica rendirle nuestra vida y usar bien esa nueva oportunidad. Que Jesucristo sea nuestro Señor significa vivir para él, siguiendo sus enseñanzas y haciendo su voluntad en todas las áreas de nuestra vida.

En su forma más simple, el llamado de Jesucristo en los evangelios era: «Sígueme». Este llamado implicaba cambiar de vida, aprender de él, obedecer sus palabras, e identificarse con su causa. Seguir a Jesús es más que ser una buena persona. Uno puede ser una buena persona pero no estar haciendo la voluntad de Dios. Quizás el hecho de ser personas relativamente buenas y socialmente aceptadas no nos permite reconocer nuestro alejamiento de Dios. El llamado de Dios incluye poner a Jesús siempre en primer lugar: «Si alguno quiere seguirme, niéguese a sí mismo, tome su cruz, y sígame» (Mr 8:34).

La decisión

A muchas personas ni siquiera se les ocurre que para ser cristianas tienen que tomar una decisión. Algunos imaginan que son cristianos por el solo hecho de haber nacido en una familia cristiana. Otros creen que ya lo han incorporado aprendiendo las normas y costumbres cristianas, y asistiendo a la iglesia. Pero decir que Jesús es el Salvador del mundo no es lo mismo que afirmar que Jesús es *mi* **Salvador** y *mi* **Señor**. Hay un versículo en la Biblia que nos ayuda a comprender el paso de fe que es necesario dar. Es interesante que este llamado es tanto para quienes todavía no han comenzado una relación con Jesús como para quienes ya han caminado largo rato con él. La invitación es la misma, independientemente de la etapa del camino en que estés. «¡Mira! Ya estoy a la puerta, y llamo. Si alguno oye mi voz y abre la puerta, yo entraré en su casa, y cenaré con él, y él cenará conmigo» (Ap 3:20).

Jesucristo está llamando a tu puerta, esperando que abras. Él golpea a la puerta, no la empuja; habla, no grita; espera pacientemente sabiendo que en el momento justo lo dejarás entrar. Si bien la vida de fe tiene un importante componente comunitario, el llamado a recibir a Jesús en tu vida es individual; nadie puede responder por ti. Cada persona tiene que tomar su propia decisión. También es un acto intencional; no ocurrirá sin que te des cuenta. No hace falta que te alumbre un rayo de luz sobrenatural procedente del cielo o una experiencia fuertemente emotiva (aunque podría ocurrirte así). El paso está en tu interior.

La verdadera pregunta que debes hacerte no es si vas a la iglesia, si eres parte de alguna religión o si te consideras una persona bastante buena. La pregunta debiera ser esta: ¿de qué lado de la puerta está Jesucristo? ¿Está dentro o fuera de tu vida? Aun si ya le hemos entregado nuestra vida hace tiempo, es bueno repetirlo regularmente como recordatorio de nuestro compromiso ante Dios. Lamentaciones 3:23 dice: «¡Grande es su fidelidad, y cada mañana se renueva!». Si Dios renueva su fidelidad con nosotros cada mañana, ciertamente nosotros también necesitamos cada día renovar nuestra relación con él y nuestro compromiso de ser sus discípulos.

| **Tiempo de diálogo** |

¿Has hecho alguna vez una oración aceptando a Jesús como tu Señor y Salvador?
¿Lo invitaste a ser parte de tu vida?

¿Te animas a hacer o renovar esa oración de entrega hoy?

Concluyamos este encuentro orando para que Dios nos guíe a amarlo siempre con toda nuestra mente y con todas nuestras fuerzas.

CAPÍTULO 8

Adorar a Dios con tu salud y tu economía

«La santificación es un proceso por el cual el Espíritu Santo va obrando en nuestra vida implantando los valores, los pensamientos y las acciones de Cristo».

«Cuidar nuestra salud física es también una forma de adorar a Dios».

«El dinero no es bueno ni malo; todo depende de cómo lo usamos. El dinero puede ser una gran bendición para nuestra vida, o una gran condena; es por eso que la manera en que administramos nuestra economía es tan importante para Jesús».

La santificación es un proceso por el cual el Espíritu Santo va obrando en nuestra vida implantando los valores, los pensamientos y las acciones de Cristo. Hoy vamos a enfocarnos en un aspecto importante de lo que Dios quiere de nosotros: que seamos buenos mayordomos. Si bien muchas veces se piensa en esa palabra como una función o un trabajo, la Biblia utiliza el término para motivar en nosotros una actitud de servicio y obediencia a Dios en todas las áreas de nuestra vida.

Recordemos que el llamado a adorar a Dios establece el propósito máximo de nuestra existencia: «Amarás al Señor tu Dios con todo tu corazón, con toda tu alma, con toda tu mente y con todas tus fuerzas». Pero este llamado incluye todas las áreas de nuestra vida. No se limita solo a estas cuatro áreas: corazón, alma, mente y fuerzas. Estos son solo indicadores generales, pero el mismo mandamiento se aplica a todo lo que hagamos. Por eso incluimos también el llamado a ser buenos mayordomos de nuestra salud y nuestra economía como una forma de adorar a Dios.

El concepto de mayordomía se refiere a administrar y cuidar lo que hemos recibido. Este término hace énfasis en que todo proviene de Dios; nada es nuestro. Nuestro rol es cuidar y administrar lo que se nos concede. Compartamos ahora cuatro principios generales para entender bien este concepto.

1. *El principio de la propiedad*

El Salmo 24:1 dice: «¡Del Señor son la tierra y su plenitud! ¡Del Señor es el mundo y sus habitantes!». En la creación, el ser humano es solo receptor de lo que Dios hace. Dios crea todo y coloca a Adán en el huerto del Edén para que lo cuide y lo trabaje. Allí comienza el sentido de la mayordomía. Reconocernos como mayordomos es recordar que no somos dueños de nada, ni tenemos derecho a reclamar nada, sino que todo es propiedad de Dios y él nos distribuye según su soberana voluntad para cumplir sus propósitos.

2. *El principio de la responsabilidad*

«Los propietarios tienen derechos; los mayordomos tienen responsabilidades». Esta frase resume bien nuestro llamado a cuidar lo que Dios nos da. 1 Corintios 4:2 dice: «De los administradores se espera que demuestren ser dignos de confianza». La mayordomía no es simplemente una cuestión de conducta sino, por sobre todas las cosas, una cuestión de confianza. Dios nos confía todo lo que tenemos, y nos hace responsables de administrarlo según su voluntad.

3. *El principio de la rendición de cuentas*

Como ya dijimos, un mayordomo es aquel que administra los bienes de otro. Pero en nuestro interior, a veces podemos confundirnos y actuar como si aquello que poseemos fuera nuestro por derecho propio: los recursos, las capacidades, el tiempo, los dones, la familia. Sin embargo, la Biblia dice reiteradamente que un día deberemos rendir cuentas de cómo administramos lo que Dios nos concedió. 1 Pedro 4:10 dice: «Ponga cada uno al servicio de los demás el don que haya recibido, y sea un buen administrador de la gracia de Dios en sus diferentes manifestaciones» Esto ciertamente incluye varios de los aspectos que incluiremos en la Fase 4 acerca del llamado a alumbrar al mundo.

Jesús enseña este principio en la parábola de los talentos (Mt 25:14-30).

Dios nos ha delegado autoridad sobre su creación, pero no tenemos permiso para gobernar según nuestro propio criterio. Somos llamados a cuidar lo que nos prestó siguiendo sus instrucciones. Porque un día seremos llevados a rendir cuentas de lo que hayamos hecho y cómo hayamos utilizado lo que recibimos de Dios.

4. *El principio de la recompensa*

Colosenses 3:23-24 dice: «Todo lo que hagan, háganlo de corazón, como para el Señor y no como para la gente, porque ya saben que el Señor les dará la herencia como recompensa, pues ustedes sirven a Cristo el Señor». No es bueno servir a Dios solamente por una recompensa, pero esta ciertamente llegará. Tal vez no llegue en esta vida, o quizás llegue de manera incompleta, pero la promesa de Dios no dejará de cumplirse en la vida venidera. Y si servimos a Dios cuidando lo que él nos presta, un día nos dirá: «Bien, buen siervo y fiel; sobre poco has sido fiel, sobre mucho te pondré. Entra en el gozo de tu señor» (Mt 25:21).

El concepto de la mayordomía puede aplicarse a muchos temas tales como los dones, el tiempo, las relaciones, etc. Hoy nos enfocaremos en dos aspectos: el cuidado y la administración de nuestra salud y de nuestra economía.

1) Nuestra salud

Toda la Biblia nos desafía a crecer en la fe y desarrollar una vida espiritual abundante. Pero esto no quiere decir que no importa lo que hagamos con el cuerpo que Dios nos dio. El apóstol Juan menciona el equilibrio entre prosperar en las cosas espirituales del alma, pero también cuidar la salud. «Amado, mi oración es que seas prosperado en todas las cosas y que tengas salud, así como prospera tu alma» (3Jn 2).

Desde tiempos antiguos existieron movimientos místicos que se preocupaban solamente por el bienestar del alma e incluso castigaban al cuerpo considerando que era la prisión del alma. En vez de pensar que el cuerpo es algo malo, el cristianismo enseña que debemos cuidar el cuerpo que Dios nos regala, así como cuidamos el alma y todos los demás aspectos de nuestro ser. El cuerpo es un regalo que Dios nos otorga y un día rendiremos cuentas de cómo lo tratamos.

En 1 Corintios 6:12, Pablo plantea una frase interesante: «Todas las cosas me son lícitas, pero no todo me conviene. Todas las cosas me son lícitas, pero yo no me dejaré dominar por ninguna». Aquí Pablo está enseñando a los cristianos que no se dejen llevar por la inmoralidad sexual. En ese tema, Pablo dice que los cristianos deben cuidar su cuerpo y pregunta «¿No saben que sus cuerpos son miembros de Cristo?» (1Co 6:15). Y al terminar este pasaje, nos exhorta: «Glorifiquen a Dios en su cuerpo» (1Co 6:20). Obviamente, esta exhortación no se limita solamente a la inmoralidad sexual, sino que somos llamados a honrar a Dios en todo lo que hacemos con nuestro cuerpo.

Luego, en 1 Corintios 10:23 Pablo repite la frase de manera similar: «Todo me es lícito, pero no todo conviene. Todo me es lícito, pero no todo edifica». Aquí el énfasis está puesto en que el cristiano ya no se maneja con leyes respecto de la comida, con permisos y prohibiciones como ocurría en el Antiguo Testamento. En la actualidad el creyente tiene libertad para comer y beber cualquier tipo de alimento, pero somos llamados a evaluar si aquello que ingerimos nos fortalece o nos debilita. En este contexto en particular, el apóstol Pablo se refiere a cierto tipo de comida que pudo haber sido sacrificada a los ídolos, pero su conclusión nos permite ampliar la aplicación a cualquier tipo de consumo: «Ya sea que coman o beban, o que hagan otra cosa, háganlo todo para la gloria de Dios» (1Co 10:31).

En 2 Corintios 7:1, también Pablo nos instruye lo siguiente: «Limpiémonos de toda impureza de cuerpo y de espíritu, perfeccionando la santidad en el temor de Dios». Este pasaje nos ayuda a ver que la purificación de la que habla la Biblia no es solo espiritual, relacionada con el alma, sino que nuestro cuerpo y nuestra mente también deben ser purificados y limpiados.

Como conclusión, se nos invita a reflexionar si realmente estamos glorificando a Dios con todo lo que consumimos (comidas, bebidas u otras sustancias). También debemos evaluar si estamos cuidando adecuadamente nuestra salud física, con ejercicios apropiados a cada edad y chequeos médicos regulares.

Cuidar nuestra salud física es también una forma de adorar a Dios.

| **Preguntas para la reflexión personal** |

¿Qué aspectos de tu salud piensas que estás descuidando?
¿Estás luchando con alguna adicción?

¿Qué hábitos alimenticios o de descanso podrías mejorar?
¿Qué tipo de ejercicio físico desarrollas o podrías desarrollar?

2) Nuestra economía

Esta sección pretende explorar la forma en que Dios quiere que administremos nuestros bienes, reconociendo que es él quien nos da todo lo que tenemos. Una sana administración de lo que Dios nos da incluye ser sabios en la utilización de todo lo que recibimos. Así como la mayordomía del tiempo no implica solo las horas que dedicamos a las actividades religiosas, la administración de la economía tampoco implica solamente el dinero que aportamos a la iglesia.

El compromiso con Dios y la iglesia

Algunas personas le tienen miedo a la palabra «diezmo»… y con cierta razón. Lamentablemente a lo largo de la historia muchos movimientos han abusado de esta enseñanza de la Biblia y la han transformado en una forma de presionar a los miembros de las iglesias en su contribución, torciendo el significado de esta práctica. También hay otros movimientos cristianos que prefieren no enseñar nada acerca del tema del diezmo ni mencionar la palabra «dinero» en la iglesia, dejando así de lado gran parte de la enseñanza de Dios. La Biblia nos enseña un sano equilibrio. No es extraño que Jesús haya enseñado mucho acerca del dinero, ya que como escribe Pablo: «La raíz de todos los males es el amor al dinero» (1Ti 6:10). El dinero no es bueno ni malo; todo depende de cómo lo usamos. El dinero puede ser una gran bendición para nuestra vida, o una gran condena; es por eso que la manera en que administramos nuestra economía es tan importante para Jesús.

Desde el Antiguo Testamento, el pueblo de Dios recibió el mandamiento de entregar como ofrenda el diez por ciento de todos sus ingresos. De ahí surge la palabra diezmo. Por ejemplo, Deuteronomio

14:22 dice: «Cada año deberás presentar, sin falta, la décima parte de todo el grano que tu campo produzca». Sin embargo, el concepto de diezmo va más allá de la cantidad exacta, y más bien apunta a la actitud de adorar a Dios con nuestra economía.

En el Nuevo Testamento, Jesús no enseña que la práctica del diezmo deba abolirse. Más bien propone un equilibrio mediante el cual no tomemos el diezmo como un ritual, sino como un acto voluntario de adoración. En Lucas 11:42 Jesús dice: «¡Ay de ustedes, fariseos!, que dan el diezmo de la menta y de la ruda, y de toda clase de hortalizas, pero pasan por alto la justicia y el amor de Dios. Esto es necesario que lo hagan, sin dejar de hacer aquello». Jesús no está aboliendo la práctica del diezmo, sino que está desaprobando esa forma ritualista de aplicarlo. Los fariseos eran muy religiosos y cumplían con el diezmo, pero solamente como una obligación religiosa y moral, y no como un acto voluntario y alegre de adoración a Dios.

La Biblia enseña que la actitud de adoración a Dios es más importante que la acción misma de dar y que la cantidad de dinero entregado. Algunas personas se preocupan mucho por la cantidad que representa su diezmo. A Dios le preocupa más el corazón con el que una persona ofrenda. Pablo cita a Jesús diciendo: «Hay más bendición en dar que en recibir» (Hch 20:35). Pero esa bendición que recibimos al dar no es mágica ni milagrosa. No podemos usar nuestra ofrenda como una manera de extorsionar a Dios para responder a nuestras oraciones. La actitud que Dios espera es la generosidad y la alegría de poder participar en el sostén de la iglesia y la misión de Dios.

| Tiempo de diálogo |

En tu contexto cultural, ¿qué conceptos del diezmo has visto tergiversados y deberían corregirse?

La generosidad y una sana administración

La Biblia no solo habla de nuestra participación en el sostén de la iglesia, sino también de nuestro compromiso con los más necesitados, como lo hacían las iglesias en el Nuevo Testamento. Cuando el apóstol Pablo escribe a la iglesia de los corintios, los exhorta a ser generosos con los cristianos que estaban en situación de pobreza en Jerusalén. Primero cita como ejemplo a las iglesias de Macedonia: «Yo soy testigo de que ellos han ofrendado con espontaneidad, y de que lo han hecho en la medida de sus posibilidades, e incluso más allá de éstas. Insistentemente nos rogaron que les concediéramos el privilegio de participar en este servicio para los santos, e hicieron más de lo que esperábamos, pues primeramente se entregaron al Señor, y luego a nosotros, por la voluntad de Dios» (2Co 8:2-5).

Un poco más adelante, Pablo les comparte la importancia de la actitud al dar: «Recuerden esto: El que poco siembra, poco cosecha; y el que mucho siembra, mucho cosecha. Cada uno debe dar según se lo haya propuesto en su corazón, y no debe dar con tristeza, ni por necesidad, porque Dios ama a quien da con alegría» (2Co 9:6-7). Aquí, la enseñanza del Nuevo Testamento nos anima a actuar con generosidad en vez de tomar el diezmo como un límite porcentual sobre nuestros ingresos. El diez por ciento puede quedar como un parámetro, pero no como una obligación ni como una limitación a nuestra generosidad.

Jesús habló varias veces acerca del dinero y del peligro de las riquezas, llegando a enseñanzas bastante radicales. Algunas veces pareciera haber recomendado a sus discípulos deshacerse completamente de sus bienes, pero en general la enseñanza implica un desprendimiento interior y un llamado a la generosidad más que una renuncia literal.

Sin duda, una de las enseñanzas claras del Nuevo Testamento es que debemos poner a Jesucristo por encima de las posesiones materiales. En tiempos en que el dinero parece poder comprarlo todo, podemos recordar esta frase interesante: «Las cosas más importantes de la vida... no son cosas». El evangelio nos enseña que las posesiones no son necesariamente pecaminosas, pero pueden hacernos mucho daño si terminan siendo nuestra mayor prioridad. No podemos servir al mismo tiempo a Dios y a las riquezas (Lc 16:13). Saber que el dinero que tenemos pertenece a Dios nos hace ser conscientes del llamado a administrarlo bien. Y en una época en que la brecha entre la riqueza y la pobreza sigue creciendo en todo el mundo, los cristianos hacemos bien en recordar que el objetivo en la vida no es acumular lo que más podamos, sino administrar con sabiduría lo que Dios nos permite recibir.

Una sana administración de lo que Dios nos concede también incluye ser cuidadosos al momento de tomar una deuda. La Biblia no condena de manera tajante el endeudamiento, pero advierte acerca de los peligros de la usura y las posibles consecuencias de ser esclavo de las propias deudas.

En el Sermón del Monte, Jesús comparte esta enseñanza:

> [19]No acumulen ustedes tesoros en la tierra, donde la polilla y el óxido corroen, y donde los ladrones minan y hurtan. [20]Por el contrario, acumulen tesoros en el cielo, donde ni la polilla ni el óxido corroen, y donde los ladrones no minan ni hurtan. [21]Pues donde esté tu tesoro, allí estará también tu corazón (Mt 6:19-21).

La acumulación de dinero no es solo una actitud que refleja egoísmo e indiferencia frente a quienes pasan mayores necesidades. La acumulación innecesaria o excesiva también representa falta de fe en que Dios proveerá para toda necesidad en todo tiempo. Claro que no está mal ahorrar; la Biblia nos enseña a ser previsores. Pero Jesús nos exhorta a que no depositemos nuestra fe en esos ahorros, como si tuvieran valor eterno. Resumiendo la enseñanza, la clave está al final del pasaje: «Donde esté tu tesoro, allí también estará tu corazón».

| Preguntas para reflexión personal |

Piensa en lo que gastas en diferentes áreas: vivienda, alimentación, transporte, deudas, recreación, vestimenta, ahorro, salud, estudio, inversiones, impuestos, donaciones, etc.

¿Hay algunos gastos que necesitas controlar mejor?

¿Tienes deudas? ¿Cómo estás intentando liberarte de esas deudas?

¿De qué manera podrías optimizar la administración de tus recursos?

Concluyamos este encuentro orando para que Dios nos ayude a ordenar nuestra vida según las prioridades de su voluntad.

| CAPÍTULO 9 |
Adorar a Dios en tu lucha contra el mal

«Lo peor que podemos hacer con el pecado es ignorarlo, ya que continúa influyendo en nuestra vida, obstaculizando la obra de Dios en nosotros».

«la conversión es ese acto por el cual decidimos dejar atrás el pecado y nos comprometemos (por primera vez o nuevamente) a vivir para Dios».

«No tiene sentido leer todas las enciclopedias cristianas si no estamos dispuestos a que el Espíritu Santo transforme nuestra manera de vivir».

Hasta aquí, nos hemos desafiado a amar a Dios con todo nuestro corazón, con toda nuestra alma, con toda nuestra mente y con todas nuestras fuerzas. En nuestro último encuentro también nos desafiamos a rendir cada área de nuestra vida al señorío de Cristo. Hasta acá suena todo bastante bien; sin embargo, nuestra experiencia en general nos dice que poner todo esto en práctica es bastante más difícil de lo que parece. ¿Por qué será?

En principio, digamos sencillamente dos cosas que luego ampliaremos: 1) El fruto del Espíritu no es un combo de cualidades que recibimos mágicamente, sino el proceso de una obra permanente que el Espíritu Santo va produciendo en nosotros. 2) Aunque Dios preparó todo para que podamos moldear nuestra vida cada vez más a su imagen, la Biblia nos dice que los cristianos tenemos un enemigo que no podemos ignorar. En este encuentro analizaremos lo que la Biblia nos enseña acerca de los obstáculos que enfrentamos cuando queremos ser cada vez más como Jesús. Veremos que una de las mejores maneras de luchar contra el mal es enfocarnos en permitir que crezca el fruto del Espíritu en nuestra vida. El cristianismo no es un llamado solo a luchar en contra del pecado, sino también a vivir en santidad; no es un llamado solo a vivir luchando contra el mal, sino a promover una vida de bien.

Veamos, por ejemplo, una enseñanza clara de Pablo en la carta a los efesios. Al hablar de la nueva naturaleza que los cristianos tenemos en Cristo, comienza diciendo: «No vivan ya como la gente sin Dios, que vive de acuerdo a su mente vacía» (Ef 4:17). Luego establece la enseñanza principal de esta porción: «En cuanto a su pasada manera de vivir, despójense de su vieja naturaleza, la cual está corrompida por los deseos engañosos; renuévense en el espíritu de su mente, y revístanse de la nueva naturaleza, creada en conformidad con Dios en la justicia y santidad de la verdad» (Ef 4:22-24). Queda claro que el énfasis no es solo negativo, en la lucha contra los deseos engañosos y la vieja naturaleza. Lo más importante es que esa lucha se vea reflejada en el aspecto positivo: renovarse en el espíritu y revestirse de la nueva naturaleza.

Luego Pablo comparte algunos ejemplos prácticos de cómo puede vivirse este desafío. Comienza con un ejemplo básico: «Por eso cada uno de ustedes debe desechar la mentira y hablar la verdad con su prójimo» (Ef 4:25). Después agrega algo en cuanto a las relaciones con las otras personas: «Enójense, pero no pequen; reconcíliense antes de que el sol se ponga, y no den lugar al diablo» (Ef 4:26-27). El énfasis no está en evitar el enojo, sino en promover la reconciliación. Una vez más añade otro ejemplo: «El que antes robaba, que no vuelva a robar; al contrario, que trabaje y use sus manos para el bien, a fin de que pueda compartir algo con quien tenga alguna necesidad» (Ef 4:28). Aquí el énfasis no está en dejar de robar, sino en trabajar dignamente y ser generosos. Y sigue: «No pronuncien ustedes ninguna palabra obscena, sino sólo aquellas que contribuyan a la necesaria edificación y que sean de bendición para los oyentes» (Ef 4:29). De nuevo, el llamado a no decir palabras obscenas se complementa con la exhortación a hablar palabras que edifiquen a los demás y sean de bendición.

Esta sección concluye con un resumen claro acerca de las dos caras de la misma moneda: evitar una actitud o conducta en particular, y promover otra forma de vida en su lugar. Pablo escribe: «Desechen todo lo que sea amargura, enojo, ira, gritería, calumnias, y todo tipo de maldad. En vez de eso, sean bondadosos y misericordiosos, y perdónense unos a otros, así como también Dios los perdonó a ustedes en Cristo» (Ef 4:31-32). Entonces, veamos de qué maneras podemos luchar contra las tentaciones, experimentar el cambio de rumbo hacia Dios y poner en práctica el señorío de Cristo en nuestra vida.

1) *Las tentaciones*

En esta tarea de ser transformados cada vez más a la imagen de Jesús, tenemos dos enemigos que intentan obstaculizar el proceso de nuestra santificación: la lucha espiritual y nuestro propio yo.

a) *La lucha espiritual:*

Satanás, el adversario declarado de Dios, está siempre acechando «como león rugiente buscando a quien devorar» (1P 5:8). Sin embargo, la Biblia también declara que el diablo ya fue vencido. Si Dios está en nuestra vida, el diablo no tiene autoridad sobre nosotros. Todavía puede tentarnos, pero no puede obligarnos a nada; puede oprimirnos y molestarnos, pero no puede entrar en nuestra vida, porque si le hemos entregado nuestra vida a Jesucristo, ya fuimos comprados con su sangre y le pertenecemos a Dios.

Las personas tienen diferentes posturas con respecto al diablo. Algunas personas prefieren pensar que el diablo no existe, o que no puede hacernos nada. Por otro lado, hay quienes le tienen mucho miedo y andan por la vida buscando muchas formas de protegerse contra sus acechanzas. La Biblia nos presenta una alternativa equilibrada. Por un lado, Dios nos advierte que este enemigo existe, y que ciertamente enfrentó a Jesús para tentarlo a abandonar su misión. Sin embargo, el diablo fue vencido en la vida y obra de nuestro Señor Jesucristo y el cristiano no tiene por qué vivir con miedo. Es por esto que el apóstol Juan declara: «Mayor es el que está en ustedes que el que está en el mundo» (1Jn 4:4).

Pablo también nos exhorta a no tenerle miedo, sino que nos dice: «Vístanse de toda la armadura de Dios, para que puedan hacer frente a las intrigas del diablo» (Ef 6:11). Y Santiago nos desafía así: «Sométanse, pues, a Dios. Resistan al diablo, y él huirá de ustedes» (Stg 4:7).

>   **| Pregunta para reflexión personal |**
>
> ¿Qué conceptos encuentras en tu cultura acerca de la realidad espiritual?
>
> ¿Qué actitudes solemos tener frente a la realidad de la lucha espiritual?

b) Nuestro propio yo:

Si bien el diablo es real y puede tentarnos, no podemos culparlo de todo lo que hacemos mal. Puede tentarnos, pero la respuesta a esa tentación depende de nosotros. También podríamos erróneamente culpar a Dios por no ayudarnos a escapar de la tentación. De hecho, el apóstol Santiago nos advierte claramente: «Cuando alguien sea tentado, no diga que ha sido tentado por Dios, porque Dios no tienta a nadie, ni tampoco el mal puede tentar a Dios. Al contrario, cada uno es tentado cuando se deja llevar y seducir por sus propios malos deseos» (Stg 1:13-14). De esta manera, la Biblia nos entrega a nosotros la responsabilidad de luchar contra la tentación, con la ayuda del Espíritu Santo.

Lamentablemente las costumbres que se forman durante años en nuestra vida siguen perturbando nuestra manera de vivir aun cuando hayamos emprendido un cambio de rumbo hacia Dios. Este antiguo yo es el que todavía nos acecha con la idea de pecar. A muchas personas no les gusta hablar de pecado, pero la verdad es que la Biblia lo menciona muchas veces, no para hacernos sentir mal sino para perdonarnos y corregirnos. Lo peor que podemos hacer con el pecado es ignorarlo, ya que continúa influyendo en nuestra vida, obstaculizando la obra de Dios en nosotros.

¿Qué es el pecado? Dicho sencillamente, es una transgresión que puede ser considerada en forma activa o pasiva. En forma activa, pecar es hacer algo en contra de la voluntad de Dios. En forma pasiva, pecar es no hacer algo que Dios ordena. El apóstol Santiago lo enseña claramente: «El que sabe hacer lo bueno, y no lo hace, comete pecado» (Stg 4:17).

El apóstol Pablo escribe una larga porción de su Epístola a los Romanos para explicar este tema. Romanos 6:6-7 lo resume así: «Sabemos que nuestro antiguo yo fue crucificado juntamente con Cristo, para que el cuerpo del pecado sea destruido, a fin de que no sirvamos más al pecado.

Porque el que ha muerto, ha sido liberado del pecado».

Pablo está intentando responder a una pregunta bastante común: «Si los cristianos hemos muerto al pecado, ¿por qué seguimos haciendo cosas que desagradan a Dios?». Evidentemente ya no es por culpa de Adán, ni por culpa de nuestra antigua naturaleza pecaminosa, sino que perduran en nosotros esas viejas costumbres que nos siguen desviando. Más adelante, Pablo concluye que la forma de luchar contra esas tentaciones es dedicar nuestra vida a servir a Dios: «Así también ustedes, considérense muertos al pecado pero vivos para Dios en Cristo Jesús, nuestro Señor. Por lo tanto, no permitan ustedes que el pecado reine en su cuerpo mortal, ni lo obedezcan en sus malos deseos» (Ro 6:11-12).

En otra epístola, al referirse a su antigua vida, Pablo dice así: «Todos nosotros también vivimos en otro tiempo siguiendo los deseos de nuestra naturaleza humana y hacíamos lo que nuestra naturaleza y nuestros pensamientos nos llevaban a hacer. Éramos por naturaleza objetos de ira» (Ef 2:3). Pero una vez que pasamos la experiencia de rendirnos ante Cristo, Pablo nos exhorta: «Con respecto a su antigua manera de vivir, despójense del viejo hombre que está viciado por los deseos engañosos; pero renuévense en el espíritu de su mente y vístanse del nuevo hombre que ha sido creado a semejanza de Dios en justicia y santidad de la verdad» (Ef 4:22-24).

| **Pregunta para reflexión personal** |

¿Qué excusas sueles utilizar cuando no quieres cambiar tu forma de ser, tu carácter o tus actitudes?

2) Arrepentimiento, confesión y conversión

Estas tres palabras pueden resumir nuestro acercamiento a Dios. El arrepentimiento implica reconocer que hemos estado alejados de Dios. Según el diccionario, arrepentirse significa sentir pesar por haber hecho algo. El sentido que le da la Biblia al arrepentimiento es reconocer que estamos caminando con un rumbo errado y comenzar a caminar en la dirección correcta. No es solo reconocer, sino cambiar el rumbo. El arrepentimiento debe ser sincero y debe incluir el firme propósito de no volver a caer en el mismo error.

El arrepentimiento puede ocurrir en nuestro interior, pero luego viene la confesión, en la cual nos dirigimos a Dios para compartir nuestro pesar por lo que hicimos. Sabemos que Jesucristo ya pagó el precio por nuestro pecado, pero la confesión implica aceptar la culpa. En las iglesias protestantes y evangélicas, no es obligatoria la confesión auricular (en la que el creyente confiesa sus pecados en detalle al sacerdote). Santiago 5:16 dice: «Confiesen sus pecados unos a otros, y oren unos por otros». Ciertamente podemos acudir al sacerdote, al pastor o al líder de la iglesia para compartir nuestra confesión, pero la Biblia también abre la posibilidad de hacerlo con otro creyente con quien tengamos confianza. Lo más importante es que nuestra confesión sea sincera, y no sea solamente un acto de echarnos la culpa, sino de buscar a Dios en oración para aceptar su perdón.

Finalmente, la conversión es ese acto por el cual decidimos dejar atrás el pecado y nos comprometemos (por primera vez o nuevamente) a vivir para Dios. La conversión no se refiere solamente a la primera vez que nos acercamos a Cristo. Más bien, es la actitud continua del cristiano que necesita revivir permanentemente esa primera entrega, renovando la decisión de seguir los pasos de Jesús. La mejor forma de luchar contra el enemigo espiritual y contra nuestra naturaleza humana es entregarle continuamente nuestra vida a Dios.

| **Preguntas para reflexión personal** |

¿Estás luchando con alguna tentación en particular?

¿Qué pasos concretos puedes dar para resistir esa tentación?

3) *El señorío de Cristo y la santificación*

Uno de los obstáculos más grandes para el crecimiento en la fe es que muchas veces se piensa que lo único importante es aprender bien las doctrinas de la iglesia y profundizar el conocimiento de la religión. Todo eso está muy bien y siempre es tiempo bien invertido. Pero el crecimiento en la fe no es solo teórico e intelectual; tiene que ver con nuestra manera de vivir, nuestros sentimientos, nuestros pensamientos, nuestras relaciones, etc. No tiene sentido leer todas las enciclopedias cristianas si no estamos dispuestos a que el Espíritu Santo transforme nuestra manera de vivir.

Otro obstáculo importante es una equivocada comprensión del perdón de Dios. La base elemental de nuestra fe cristiana es que Dios nos perdona mediante la muerte y resurrección de Jesucristo, y le damos gracias por ello. Dios nos acepta sin importar lo que hayamos hecho. Pero eso no es una excusa para vivir de una manera que no refleje nuestra relación con Dios. Un dicho de Max Lucado lo expresa bien: «Dios te ama como eres, pero no quiere dejarte así. Quiere que seas como Jesús»[15].

Es verdad que Dios nos acepta y nos perdona, pero también quiere que el Espíritu Santo nos transforme a su voluntad. Filipenses 1:6 dice: «El que en ustedes comenzó la buena obra, la perfeccionará hasta el día de Cristo Jesús». ¡Esta es una promesa extraordinaria! Dios mismo se encargará de perfeccionarnos para que podamos ser como Jesús. Por tanto, no importa si somos cristianos hace poco tiempo o hace mucho, la clave de la fe es estar dispuestos a que Dios nos moldee cada vez más y nos ayude a ser transformados.

La santificación es una obra re-creadora que efectúa gradualmente el Espíritu Santo en los creyentes, transformando nuestra naturaleza interior. Esta obra de santificación tiene mucho que ver con 2 Corintios 5:17 que dice así: «Si alguno está en Cristo, nueva criatura es; las cosas viejas pasaron; he aquí todas son hechas nuevas». Así, por un lado, la santificación implica remover gradualmente las manchas que dejó el pecado y que afectan nuestra manera de vivir, nuestras costumbres y nuestros valores.

Por otro lado, la santificación implica fortalecer la disposición del alma para engendrar y promover nuevos hábitos y una nueva manera de vivir. De esta forma, la vieja estructura de pecado va destruyéndose gradualmente, y una nueva estructura originada en Dios toma lugar en nuestra vida.

Romanos 12:2 dice: «No se conformen a este mundo; más bien, transfórmense por la renovación de su entendimiento de modo que comprueben cuál sea la voluntad de Dios, buena, agradable y perfecta». Además de nuestra vida anterior, la sociedad también influye en nuestra manera de vivir, para bien o para mal. Los valores, las costumbres, la forma de entender la realidad son parte de nuestra vida sin darnos cuenta. Pero el mensaje del evangelio tiene valores contraculturales, que muchas veces van a contramano de lo que nuestros vecinos, familiares o amigos pueden pensar o hacer. El desafío del cristiano es poner siempre en primer lugar la voluntad de Dios.

---

15. Del libro de Max Lucado, *Como Jesús*; lectura recomendada.

| Preguntas para reflexión personal |

¿Qué aspectos de tu vida piensas que Dios quiere seguir puliendo hoy?

¿Logras verte como una nueva persona en Cristo?

Terminemos este encuentro orando unos por otros para que el Espíritu Santo nos fortalezca para enfrentar toda tentación y llegar al máximo potencial de nuestra nueva vida.

| CAPÍTULO 10 |
Adorar a Dios con fidelidad

«El fruto del Espíritu es la manifestación exterior que demuestra que Cristo vive en nuestro interior».

«Somos cartas escritas por Cristo para ser leídas por cualquier persona que pase a nuestro lado».

En este último capítulo de esta fase, nos desafiaremos a continuar creciendo en nuestra fe, buscando ver en nuestra vida evidencias del fruto del Espíritu, siendo obedientes a Dios en la participación en los sacramentos que Cristo ha instituido en la Biblia, y viviendo como corresponde a un seguidor de Jesús.

Todo esto es parte del «gran llamado» que Dios hace a cada cristiano. Adorar a Dios no es solamente cantar canciones en la iglesia, sino realmente permitir que Dios sea parte de toda nuestra vida. Por esa razón, nadie se gradúa de cristiano maduro, o discípulo perfecto. Mientras avanza nuestra vida atravesando por las diferentes etapas que nos tocan, seguimos caminando con Jesús y aprendiendo a adorar a Dios en nuevas circunstancias. No importa si eres cristiano hace mucho tiempo, o te acercaste a Jesucristo recientemente. Todos tenemos que seguir creciendo. Y siempre habrá algún área de nuestra vida que necesite ser transformada para que seamos más como Jesús.

1) El fruto del Espíritu

Gálatas 5:22-25 expresa lo que el Espíritu Santo quiere producir en nosotros, cuando nos dejamos moldear:

> [22]El fruto del Espíritu es: amor, gozo, paz, paciencia, benignidad, bondad, fe, [23]mansedumbre, templanza. Contra tales cosas no hay ley. [24]Y los que son de Cristo Jesús han crucificado la carne con sus pasiones y deseos. [25]Si vivimos por el Espíritu, vivamos también según el Espíritu.

Estos versículos nos muestran el resultado de lo que el Espíritu Santo producirá en nosotros tarde o temprano. Si llevamos a cabo una autoevaluación seguramente podremos concluir que en algunos aspectos estamos más avanzados que en otros. Pero el Espíritu Santo llevará a la perfección cada uno de estos aspectos al momento de entrar a la eternidad.

Antes de seguir avanzando, tomemos un tiempo para entender bien que el fruto del Espíritu no se refiere a un listado de tareas que tenemos que cumplir, ni cualidades que sería lindo tener. Es algo que el Espíritu Santo va produciendo en nosotros en la medida en que nos dejamos transformar. Vivir según el Espíritu es refrenar los instintos que se oponen a las enseñanzas de Dios y permitir que brote en nuestra vida el modelo que nos dejó Jesús.

Veamos algo más sobre el pasaje de Gálatas 5. Pablo contrasta las obras de la carne con el fruto del Espíritu. Lo primero está en plural y lo segundo en singular. Dado que Pablo enumera un listado de cualidades, podría parecer más lógico hablar de los *frutos* del Espíritu. Pero no es así como Pablo lo pensó. Varios expertos en Biblia han intentado responder esta cuestión, y lo han hecho de diversas formas. Si bien hay varias formas de entenderlo, la interpretación más aceptada es que Pablo considera que *el fruto* del Espíritu es el amor (la primera cualidad mencionada en el listado). Esto hace que el resto de las cualidades sean consideradas como diferentes manifestaciones o formas de expresar el amor que aprendemos de Dios. Algo parecido dijo Pablo con respecto a los mandamientos: «Toda la ley se cumple en esta sola palabra: "Amarás a tu prójimo como a ti mismo"» (Gá 5:14). Si aprendemos a amar de la manera en que Jesús amó, cumpliremos sin dificultad todos los demás mandamientos. San Agustín de Hipona lo resumió bien: «Ama y haz lo que quieras. Si callas, callarás con amor; si gritas, gritarás con amor; si corriges, corregirás con amor; si perdonas, perdonarás con amor. Si tienes el amor arraigado en ti, ninguna otra cosa sino amor serán tus frutos».

A continuación, analizaremos cada una de las cualidades mencionadas como fruto del Espíritu siguiendo, en algunas de ellas, ideas tomadas de la descripción ofrecida por Timothy Keller[16]:

Amor: Significa servir a una persona para su bien y por su valor intrínseco, de manera desinteresada; no por lo que la persona te pueda aportar. Lo opuesto es la indiferencia o el temor hacia los demás (1Jn 4:18). Su falsificación (una versión falsa) es el afecto egoísta, cuando alguien te atrae y lo tratas bien por la manera en la que te hace sentir.

Gozo (alegría): Implica un deleite en Dios simplemente por lo que él es, por su perfección y su presencia en nuestra vida. Lo opuesto es la desesperanza o la desesperación. Su falsificación es una euforia basada en experimentar las bendiciones, en lugar de experimentar al que bendice. Estas emociones causan cambios bruscos en el estado de ánimo dependiendo de las circunstancias. El gozo en Dios permanece más allá de lo que pueda pasar.

Paz: Se refiere a una confianza y un descanso en la sabiduría y el control de Dios, y no en ti mismo. Reemplaza la ansiedad y la preocupación. La versión falsa de la paz es una apariencia de tranquilidad, reprimiendo o refrenando la angustia para que no se note.

Paciencia: Es la habilidad para enfrentar los problemas sin explotar ni lanzar ataques hacia los demás. Lo opuesto es sentir bronca contra Dios o contra los demás, enojándonos por cualquier contratiempo. Experimentamos una falsa paciencia cuando por fuera parecemos ser comprensivos, pero por dentro seguimos sintiendo rencor e ira.

Benignidad (amabilidad): Implica la idea de tratar a los demás con amabilidad y gentileza. Esta actitud es reforzada cuando se tiene una

---
16. Timothy Keller, *Gálatas para ti*. Medellín: Poiema, 2014. Págs. 165-166.

profunda seguridad interna. Lo opuesto es sentir envidia por las bendiciones de los demás o directamente desearles algo malo. Su alternativa falsa son las buenas obras manipuladoras, haciendo bien a los demás pero no por amor sino por otros intereses o motivaciones.

Bondad (integridad): Esta nueva cualidad es similar a la anterior, pero no apunta tanto a la gentileza o amabilidad con que se hacen las buenas obras, sino a las buenas obras en sí mismas. Implica que no es suficiente tratar al prójimo amablemente, sino atender a sus necesidades en la medida de las posibilidades y ayudar en todo lo que podamos. Nos desafía a no quedarnos con buenas intenciones, sino a poner en práctica el amor en acciones concretas.

Fe (fidelidad, lealtad): En las relaciones con el prójimo, esta palabra nos lleva a ser absolutamente confiables y fieles a nuestra palabra. La palabra griega que se usa en este contexto nos lleva a pensar no tanto en creer en Dios de manera especial, sino en que nuestro prójimo pueda confiar en nosotros. Lo opuesto es ser un oportunista, un amigo solo en los buenos tiempos.

Mansedumbre (humildad): Implica reconocer nuestro valor sin necesidad de demostrarlo, lo cual lleva a una actitud apacible que disfruta lo que tiene. Lo opuesto es sentirse superior o dejar que otros nos menosprecien. La humildad no es lo mismo que la inferioridad; es más bien tener la actitud de Cristo, de ponernos al mismo nivel que el prójimo para bendecirlo.

Templanza (dominio propio): Es la habilidad para dedicarse a lo importante antes que a lo urgente, en vez de ser siempre impulsivo o desenfrenado, siguiendo los instintos, vicios o apuros del contexto. Es poder refrenar las reacciones negativas que salen de un corazón impulsivo.

Finalmente, el fruto del Espíritu es la manifestación exterior que demuestra que Cristo vive en nuestro interior. El crecimiento del fruto del Espíritu implica también un paso previo: «Los que son de Cristo han crucificado la carne con sus pasiones y deseos» (Gá 5:24). Este acto de crucificar la carne no es meramente descubrir lo que está mal en nuestra vida e intentar evitarlo, sino examinar las motivaciones que nos llevan a desobedecer a Dios. «Nos tenemos que preguntar no solo *qué* es lo que hacemos mal, sino *por qué* lo hacemos»[17]. Es por esto que nuestra lucha contra las tentaciones no es solo una cuestión de fuerza de voluntad, sino también un desafío de fe y de confianza en Dios. Si creemos de corazón en Dios y confiamos en sus enseñanzas, entonces viviremos sinceramente buscando agradarle y obedecerle.

Si profesamos ser cristianos, si hemos decidido ser discípulos de Cristo, si hemos aceptado a Jesús como nuestro Señor y Salvador, no permitamos que nuestras pasiones y deseos humanos intenten derrumbar lo que el Espíritu quiere producir en nosotros.

> | **Preguntas para reflexión personal** |
>
> ¿Qué cambios ocurrieron en tu vida desde que te acercaste a Jesús?
>
> ¿Hubo algún cambio en tu relación con otras personas?
>
> ¿En qué aspectos de tu carácter está trabajando hoy el Espíritu Santo?
>
> ¿Qué áreas de tu vida todavía necesitan ser transformadas?

2) *Los sacramentos instituidos por Dios*

Otra manera de poner en práctica el señorío de Cristo es mediante la obediencia a los sacramentos que instituyó el Señor Jesucristo según nos dice la Biblia. Por lo general, los protestantes aceptan solo dos sacramentos instituidos en la Biblia: el bautismo y la cena del Señor. Los sacramentos son «señales y sellos santos del pacto de gracia instituidos directamente por Dios, para representar a Cristo y a sus beneficios y para confirmar nuestra participación en él»[18]. Como señales, los sacramentos nos señalan a Cristo y son recordatorios de lo que hizo por nosotros.

Como sellos, los sacramentos garantizan la validez del pacto de Dios y aseguran la obra del Espíritu Santo para llevarnos a la vida eterna. Pero de ninguna manera pueden los sacramentos tomarse como rituales externos. No existe poder en el ritual mismo, sino más bien en Dios que obra a través de los sacramentos. Analicemos el verdadero significado del bautismo y la cena del Señor. Esto también es una manera de adorar a Dios.

---

17. *Ibid*, 167.
18. Confesión de Fe de Westminster. Cap. 27, párrafo 1.

EL BAUTISMO

El bautismo representa una señal y un sello del pacto de gracia que hace Dios con el creyente, incluyendo su inserción en Cristo, su regeneración, el perdón de sus pecados, y la decisión del que se bautiza de rendirse a Dios por medio de Jesucristo para recibir la nueva vida. Alguno podrá preguntar: ¿todo eso pasa en el bautismo? No exactamente. El bautismo no es un ritual mágico. En realidad, el bautismo es una señal externa de algo que ya ocurrió internamente.

El bautismo también implica nuestra inserción como miembros de la familia de la fe, así como nuestro compromiso a ser parte activa en el ministerio de la iglesia. John Stott escribió: «El bautismo es la puerta de entrada a la sociedad cristiana visible»[19]. Dios estableció que los cristianos vivamos nuestra fe en comunión y el bautismo nos une a un grupo de cristianos con quienes nos desafiamos a caminar juntos por la fe. Si bien distintas iglesias pueden tener una organización diferente para acceder a este sacramento, todo creyente debe solicitar el bautismo en obediencia a Cristo. El bautismo es una forma de hacer pública nuestra fe y nuestra decisión de seguir a Jesucristo, haciéndonos así parte del pueblo de Dios.

El antecedente del bautismo del Nuevo Testamento era la circuncisión del Antiguo Testamento. Esta señal indicaba que esa persona era parte del pacto y del pueblo de Dios. En Colosenses 2:11-12 Pablo enseña este principio del bautismo como continuación de la circuncisión: «En Cristo ustedes fueron también circuncidados. Pero no me refiero a la circuncisión física, sino a la circuncisión que nos hace Cristo, y que consiste en despojarnos de la naturaleza pecaminosa. Cuando ustedes fueron bautizados, fueron también sepultados con él, pero al mismo tiempo resucitaron con él, por la fe en el poder de Dios, que lo levantó de los muertos».

Alguno podría pensar que no está preparado todavía para ser bautizado porque no es perfecto. Es verdad que ninguno de nosotros es perfecto... pero ser perfecto no es un requisito para recibir el sacramento del bautismo. En definitiva, el primer requisito verdadero es exactamente lo opuesto: reconocer que somos pecadores. Por eso el bautismo está tan relacionado con el arrepentimiento. El apóstol Pedro predicó lo siguiente:

---
19. Stott, 218.

«Arrepiéntanse, y bautícense todos ustedes en el nombre de Jesucristo, para que sus pecados les sean perdonados. Entonces recibirán el don del Espíritu Santo. Porque la promesa es para ustedes y para sus hijos, para todos los que están lejos, y para todos aquellos a quienes el Señor nuestro Dios llame» (Hch 2:38-39).

Si yo no reconozco que soy un pecador, no tiene sentido para mí pedir el bautismo. Una vez que reconocemos nuestra situación, confesamos nuestro pecado y creemos en el perdón de Jesucristo, estamos preparados para ser bautizados. En Hechos, el apóstol Felipe se sube al carro de un funcionario etíope y le explica el mensaje del evangelio. El relato incluye lo siguiente: «En el camino encontraron agua, y el eunuco dijo: "Aquí hay agua; ¿hay algo que me impida ser bautizado?" Felipe le dijo: "Si crees de todo corazón, puedes ser bautizado". Y el eunuco respondió: "Creo que Jesucristo es el Hijo de Dios". Y el eunuco mandó detener el carro, y ambos descendieron al agua y Felipe lo bautizó» (Hch 8:36-38). Si entendemos este relato, el único requisito para el bautismo es creer sinceramente que Jesucristo es el Hijo de Dios.

LA SANTA CENA

El segundo sacramento instituido por Cristo es la cena del Señor, también llamada Santa Cena, Comunión o Eucaristía. La cena del Señor vino a reemplazar la Pascua del Antiguo Testamento. La Pascua judía celebraba la liberación del pueblo de Dios de la esclavitud en Egipto. De igual manera, la cena del Señor celebra el sacrificio de Jesús que nos libera de la esclavitud espiritual al pecado. El pan y la copa reflejan el cuerpo y la sangre de Jesucristo. En esos elementos, Cristo se hace presente en nuestra vida, de manera espiritual, cuando participamos con fe. Así, el sacramento funciona como recordatorio de la obra de Cristo en la cruz, pero también como proclamación de la nueva vida, con la esperanza de celebrar esa cena un día en la presencia corporal y física del Señor Jesús.

Participar en los sacramentos instituidos por Jesucristo es otra forma en que el cristiano pone en práctica su obediencia y adoración a Dios, participando junto con el resto de la familia de la fe en la proclamación del evangelio. Todo cristiano es llamado a ser fiel en la participación de los sacramentos. Si no hay una razón concreta que lo impida, no debería demorarse el bautismo a los creyentes. Y de igual manera, todo cristiano debería participar fielmente de la cena del Señor junto con su familia de la fe.

| **Tiempo de diálogo** |

¿Has recibido el sacramento del bautismo?

¿Participas con frecuencia de la cena del Señor?

3) Desafío final: Imitar a Jesús

Finalmente, la Biblia habla varias veces acerca de la importancia de imitar a Dios. Mateo 20:28 dice: «Imiten al Hijo del Hombre, que no vino para ser servido, sino para servir y para dar su vida en rescate por muchos». En Efesios 5:1, Pablo escribe: «Por tanto, imiten a Dios, como hijos amados». Reconocemos que el llamado a imitar a Jesús es un desafío muy alto. Algunas personas podrían decir: «Es imposible que yo llegue a ser como Jesús; para él es fácil porque es Dios, pero yo soy un simple ser humano». Este argumento lamentablemente es usado con frecuencia como una excusa para no esforzarnos por vivir una vida que agrade a Dios. Es claro que no podemos alcanzar la perfección por nuestros propios medios; si así fuera no necesitaríamos un Salvador. Pero ese Dios que envió a su Hijo a la cruz para morir en nuestro lugar y para darnos una nueva oportunidad en la vida, nos está animando y nos provee todo lo que necesitamos para imitar a Jesús.

La Biblia no dice que Dios nos castigará si no lo logramos. Al contrario, dice que seremos perfectos solamente cuando él mismo termine su obra porque alcanzar la perfección no depende de nosotros ni está en nuestras propias fuerzas. El apóstol Juan escribe sobre lo que Dios hará en nuestra vida: «Amados, ahora somos hijos de Dios, y aún no se ha manifestado lo que hemos de ser. Pero sabemos que, cuando él se manifieste, seremos semejantes a él porque lo veremos tal como él es» (1Jn 3:2).

Ya en el siglo I, había muchas personas que no eran contemporáneas de Jesús y no habían tenido la oportunidad de verlo cara a cara como para poder imitarlo. Por eso, el apóstol Pablo se ofrece como ejemplo, en tanto y en cuanto él mismo imita a Jesús: «Imítenme a mí, así como yo imito a Cristo» (1Co 11:1). Alguno podría argumentar: «Bueno, pero yo tampoco soy contemporáneo del apóstol Pablo así que no sé a quién imitar». El misterio del llamado a adorar a Dios es que cada uno de los seguidores de Jesús seamos un ejemplo de vida para los que nos rodean.

En 1 Tesalonicenses 1:6-8 el apóstol Pablo lo explica así: «Ustedes recibieron la palabra con gozo del Espíritu Santo, aún en medio de muchos sufrimientos, y llegaron a ser imitadores de nosotros y del Señor» (v. 6). Pero su testimonio no termina ahí: «Llegaron a ser un ejemplo para todos los creyentes de Macedonia y de Acaya» (v. 7). Y tampoco ese fue el final de su ejemplo de vida: «Con ustedes como punto de partida, la palabra del Señor ha sido divulgada, y no sólo en Macedonia y Acaya, sino también en muchos otros lugares donde se sabe de la fe que ustedes tienen en Dios» (v. 8). De esta manera, el mensaje del evangelio y el ejemplo de Cristo se fue divulgando por todo el mundo, llegando hasta nosotros hoy.

Este es el mismo principio que Pablo enseña a Timoteo: «Lo que has oído de mí ante muchos testigos, encárgaselo a hombres fieles que sean idóneos para enseñar también a otros» (2Ti 2:2). Es una cadena interminable en que cada seguidor de Jesús cumple su rol como eslabón. Los cristianos somos llamados a sumarnos a esa cadena, siendo pequeños *cristos* en este mundo, en este tiempo, preparando el ejemplo para que la próxima generación pueda también seguir las enseñanzas de Jesús imitando nuestra vida, siempre y cuando nosotros imitemos al Señor.

En un libro de meditaciones diarias, el teólogo William Macdonald escribe lo siguiente:

> Estás escribiendo un evangelio, un capítulo cada día, por los hechos que tú haces, por las palabras que dices. Los hombres leen lo que escribes, si es desleal o sincero. ¡Di! Según tú, ¿qué es el evangelio? Cuando se le preguntó a un hombre cuál de los evangelios era su favorito, contestó: «El evangelio según mi madre». Y Juan Wesley dijo una vez: «He aprendido más del cristianismo por medio de mi madre que por todos los teólogos de Inglaterra»[20].

Esto mismo dice Pablo en 2 Corintios 3:2-3, «Nuestras cartas son ustedes mismos, y fueron escritas en nuestro corazón, y son conocidas

---

20. Macdonald, William. *De día en día: verdades por las cuales vivir.* Barcelona: Clie, 2007. Pág. 23.

y leídas por todos. Es evidente que ustedes son una carta escrita por Cristo y expedida por nosotros; carta que no fue escrita con tinta sino con el Espíritu del Dios vivo, y no en tablas de piedra sino en las tablas de corazones que sienten». Somos cartas escritas por Cristo para ser leídas por cualquier persona que pase a nuestro lado.

En definitiva, el llamado a imitar a Jesús implica estar conscientes de que todo lo que hacemos en esta vida refleja algo, sea bueno, malo o neutro. Por ejemplo, los padres siempre reflejamos actitudes frente a nuestros hijos. Somos ejemplo para ellos, ya sea intencionalmente o sin intención, consciente o inconscientemente. Seremos buenos ejemplos o malos ejemplos, pero no podemos evitar dejar alguna huella sobre ellos. Lo mismo ocurre con nuestra fe. Si nos identificamos como cristianos, estaremos reflejando a Cristo... para bien o para mal. Podemos reflejar una vida de fe con humildad y obediencia alegre, o podemos reflejar una fe aburrida e insulsa.

Imitar a Jesús es la consecuencia de vivir una vida de adoración a Dios, amándolo con todo nuestro corazón, con toda nuestra alma, con toda nuestra mente y con todas nuestras fuerzas.

| Tiempo de diálogo |

¿Qué viene a tu mente al pensar que eres llamado a ser un *pequeño cristo* en este mundo?

| Preguntas para reflexión personal |

 ¿De qué manera podrías profundizar hoy tu relación con Jesús?

 ¿Cómo podrías imitar a Jesús en tu manera de pensar?

 ¿Qué actitudes podrías trabajar para ser más como Jesús?

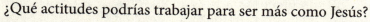 ¿Cómo podrías hacer que tus vínculos sean más saludables siguiendo las enseñanzas de Jesús?

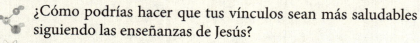 ¿Qué áreas de tu familia o tu cultura necesitan más de Dios?

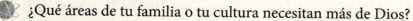 ¿De qué manera puedes comprometerte a cumplir tu rol como eslabón en la cadena de discípulos de Jesús, ayudando a la próxima generación?

Conclusión y próximo desafío

Hemos concluido la Fase 2 del Plan de Crecimiento en la Fe. ¡Felicitaciones!

Que tu camino como discípulo no termine aquí.
Ahora te animamos a seguir creciendo como un discípulo de Cristo con las próximas fases.

☐ **Fase 3: Amar al prójimo:** Marcos 12:31.

☐ **Fase 4: Alumbrar al mundo:** Mateo 5:14.

Para terminar, te animamos a participar de un encuentro con otras personas que también hayan concluido esta fase del discipulado. Así podrás compartir tu experiencia y escuchar la experiencia de otros, mientras buscamos adorar a Dios con todo nuestro ser.

| PLAN DE CRECIMIENTO EN LA FE - FASE 2: ADORAR A DIOS |

Preguntas de repaso

1) En el capítulo seis hablamos sobre amar a Dios con todo nuestro corazón y con toda nuestra alma. ¿Sobre qué características de tu carácter está trabajando Dios para seguir transformándote cada vez más a su imagen? ¿Alguna vez has participado de rituales espirituales no cristianos? ¿Hay alguna práctica en tu vida actual que compita con Dios? ¿Alguna vez le has pedido al Espíritu Santo que llene tu vida?

2) En el capítulo siete nos desafiamos a amar a Dios con toda nuestra mente y todas nuestras fuerzas. ¿Qué actividades pueden estar ensuciando o embotando tu mente? ¿En qué estás usando la mayor parte de tu energía? ¿Cómo podrías reacomodar el uso de tu energía para dedicarle más fuerzas a tu caminar con Dios?

3) En el capítulo ocho conversamos sobre el señorío de Cristo en términos de la mayordomía y cuidado de nuestra salud y de nuestra economía. ¿Qué aspectos de tu salud puedes estar descuidando? ¿Estás luchando con alguna adicción? ¿Cómo estás administrando los recursos que Dios te provee?

4) En el capítulo nueve conversamos acerca de las tentaciones, el mundo espiritual, la conversión y el señorío de Cristo. ¿Qué cambios ocurrieron en tu vida desde que te acercaste a Jesús como Señor y Salvador? ¿En qué áreas de tu vida recibes más tentaciones? ¿Cómo las estás enfrentando? ¿Qué áreas de tu vida todavía necesitan ser transformadas?

5) En el último capítulo de esta fase nos desafiamos a rendirnos a vivir el fruto del Espíritu, ser obedientes participando en los sacramentos instituidos por Cristo, e imitar a Jesús reflejando su presencia en nuestra vida. ¿Qué viene a tu mente al pensar que eres llamado a ser un pequeño cristo en este mundo? ¿De qué manera puedes comprometerte a cumplir tu rol como eslabón en la cadena de discípulos de Jesús, ayudando a la próxima generación?

| FASE 3 |
Amar al prójimo

«Amarás a tu prójimo como a ti mismo» (Mr 12:31)

Nos alegramos de continuar avanzando juntos en este camino de fe, animándonos a seguir creciendo como discípulos de Jesús, buscando ser como él en todas las áreas de nuestra vida. Recordemos que este plan nos propone un crecimiento integral que tenga los siguientes aspectos de nuestra vida:

 Crecimiento espiritual   Vínculos saludables

 Renovación de la mente   Inteligencia cultural

 Transformación del carácter   Desafío a la acción

En la primera fase de este Plan de Crecimiento Integral en la Fe, reflexionamos sobre quién es Jesús y lo que hizo por nosotros. También nos desafiamos a entregarle nuestra vida, aprendimos a dedicar tiempo a buscar más de Dios en nuestra vida privada de devoción y en la adoración comunitaria. Nos desafiamos a vivir el amor al prójimo y a tener una actitud de servicio para ser útiles en las manos de Dios.

Compartamos algunas de las preguntas más importantes que utilizamos en las dos fases iniciales. Tal vez nuestra situación haya cambiado, y repasar estas preguntas nos servirá de base para avanzar con esta nueva fase.

1) Al principio nos desafiamos a pensar en una descripción concreta de quién es Jesús. ¿Cambió en este tiempo la forma en que percibes a Jesús?

2) También conversamos sobre la importancia de crecer mediante la devoción personal y la adoración comunitaria. ¿Cómo piensas que está hoy tu vida de oración y devoción personal?

En la segunda fase, «Adorar a Dios», nos desafiamos a profundizar nuestra adoración a Dios teniendo en cuenta las diferentes áreas de nuestra vida.

3) ¿Qué áreas de tu vida necesitan más de Dios hoy?

- ☐ Tu corazón (emociones y deseos)
- ☐ Tu alma (espíritu y voluntad)
- ☐ Tu mente (intelecto)
- ☐ Tus fuerzas (energía física)

4) ¿Qué aspectos del cuidado de tu salud o de tu economía podrían necesitar reenfocarse en Dios?

5) ¿Qué deberías cambiar para reflejar mejor a Jesús en tu vida?
¿De qué manera puedes comprometerte a cumplir tu rol como eslabón en la cadena de discípulos de Jesús, ayudando a la próxima generación?

En esta tercera fase intentaremos abordar la importancia de la fe en distintos ámbitos: la familia, el trabajo, la iglesia, las amistades y cualquier otro vínculo social. En estos encuentros, nos proponemos reflexionar en un ámbito confidencial y seguro los aspectos que definen a un discípulo maduro de Jesús que quiere obedecer el gran mandamiento: «Amarás a tu prójimo como a ti mismo» (Mr 12:31).

| CAPÍTULO 11 |
La gracia de Dios, el perdón y las relaciones personales

«Cuando sintamos que ya hemos perdonado demasiadas veces a una persona, recordemos la cantidad de veces que Dios nos tiene que perdonar a nosotros. ¡Seguramente nos conviene dejar de contar!».

La fe cristiana nos reconcilia primeramente con Dios. Pero no se queda solo ahí... también nos lleva a reconciliarnos con las personas a nuestro alrededor. Además, el amor de Dios por cada uno de nosotros funciona como ejemplo y modelo a seguir en nuestra actitud con otras personas.

En Marcos 12:28-31, los escribas se acercaron a hacerle una gran pregunta a Jesús: «De todos los mandamientos, ¿cuál es el más importante?». Sin duda esperaríamos que Jesús citara que lo más importante es amar a Dios por sobre todas las cosas. Si ahí terminaba la respuesta, nadie se hubiera sorprendido. Sin embargo, Jesús va más allá de las expectativas de sus oyentes, y agrega otro mandamiento igualmente importante: «Amarás a tu prójimo como a ti mismo». Jesús no quiso separar el amor a Dios del amor al prójimo. Los consideró como un solo mandamiento. Notemos que la pregunta de los escribas no fue: «¿Cuáles son los mandamientos más importantes?». Ellos esperaban que Jesús citara un solo mandamiento. Pero Jesús lo desdobló en dos, resumiendo así todos los grandes mandamientos del Antiguo Testamento.

Jesús no inventó este mandamiento de amar al prójimo. En realidad, esta es una cita de un pasaje que se encuentra en Levítico 19, que incluye muchos otros mandamientos relacionados con el prójimo, como por ejemplo: «No hurtes. No engañes. No se mientan el uno al otro... No oprimas a tu prójimo. No le robes... No maldigas al sordo, ni pongas tropiezo delante del ciego... Trata a tu prójimo con justicia. No propagues chismes en tu pueblo. No atentes contra la vida de tu prójimo... No abrigues en tu corazón odio contra tu hermano... No te vengues ni guardes rencor» (vv. 11-18a). Finalmente lo resume así: «Ama a tu prójimo como a ti mismo» (v. 18b).

Al leer estos versículos nos puede sorprender cuán actuales son sus exhortaciones. Muchos pasan por alto el libro de Levítico porque dicen que es muy antiguo e incluye muchas especificaciones que hoy carecen de actualidad. Pero también este libro incluye pasajes tan actuales que nos impresiona. Por otro lado, es interesante que este pasaje no se limita a dar reglas específicas de manera taxativa, sino que su conclusión abre el panorama para que cada uno de nosotros pueda incluir en el listado el desafío de amor al prójimo que corresponda a nuestra situación. El listado específico se propone darnos ejemplos, pero nos desafía a cada uno de nosotros a pensar en cómo estamos viviendo las relaciones con las personas que nos rodean.

El apóstol Juan también se refiere con mucha claridad al desafío del amor al prójimo, y lo vincula muy directamente con el amor que viene de Dios. No ve tanto el amor al prójimo como un esfuerzo humano, sino como una puesta en práctica del amor de Dios por nosotros. Esto dice Juan: «Amados, amémonos unos a otros, porque el amor es de Dios. Todo aquel que ama, ha nacido de Dios y conoce a Dios. El que no ama, no ha conocido a Dios, porque Dios es amor» (1Jn 4:7-8).

Más adelante, Juan lo describe con mayor claridad todavía, animándonos a evaluar seriamente nuestra relación con el prójimo y la sinceridad en nuestras actitudes: «Si alguno dice: "Yo amo a Dios", pero odia a su hermano, es un mentiroso. Pues el que no ama a su hermano a quien ha visto, ¿cómo puede amar a Dios, a quien no ha visto?» (1Jn 4:20). Estas palabras son fuertes porque no solamente nos desafían a evaluar nuestras acciones, sino también la sinceridad de nuestro amor por Dios y las motivaciones de nuestras actitudes hacia los demás.

Ahora bien, una respuesta fácil podría ser: «Yo no odio a nadie, ni hago mal a nadie». Sin embargo, lo que Juan dice es mucho más profundo. No hacer mal al otro no significa amarlo. En este sentido podríamos reafirmar que lo opuesto al amor no es el odio, sino la indiferencia. La falta de amor no se evidencia necesariamente en el odio, sino en no tener en cuenta al otro, no aceptarlo, o directamente ignorarlo.

En esto también se evidencia una característica del cristianismo en contraste con otros movimientos que promueven buenas intenciones. La conocida Regla de Oro tiene muchas variantes en diferentes contextos. La más conocida y promovida por muchas religiones es: «No le hagas al otro lo que no quieres que te hagan a ti». Pero Jesús tomó la versión más desafiante de la Regla de Oro, cambiando la actitud pasiva por una actitud proactiva de iniciativa propia: «Todo lo que quieran que la gente haga con ustedes, eso mismo hagan ustedes con ellos» (Mt 7:12).

Ser discípulos de Jesús implica tener la intención de seguir no solo sus enseñanzas sino también imitar su actitud. Por tanto, para entender el tipo de amor que Dios quiere que tengamos por los demás, tratemos de recordar y entender mejor la manera en que Dios nos ama y nos perdona.

La gracia de Dios y su perdón hacia nosotros

Uno de los pasajes de la Biblia que mejor describe el amor de Dios hacia el ser humano es Romanos 5:8, «Dios muestra su amor por nosotros en que, cuando aún éramos pecadores, Cristo murió por nosotros». Esta actitud desafía todos los conceptos de amor que podamos imaginar: el amor no es sentir atracción por otra persona, o tener a otra persona en alta estima. El amor no implica llevarse bien con la otra persona. El amor de Dios conlleva poner al otro en primer lugar, aun cuando no se lo merece.

La Biblia deja bien claro que la salvación no es algo que nosotros podamos conseguir por nuestro propio esfuerzo ni mediante una vida suficientemente digna. Al contrario, la Biblia dice que éramos enemigos de Dios y solamente pudimos reconciliarnos con él por su gran amor hacia nosotros. Pablo lo explica en Efesios 2:8-9: «Ciertamente la gracia de Dios los ha salvado por medio de la fe. Ésta no nació de ustedes, sino que es un don de Dios; ni es resultado de las obras, para que nadie se vanaglorie».

Nadie puede decir: «Me gané el perdón de Dios». Es imposible ganarse el perdón de Dios, porque Dios lo entrega como regalo, mediante la fe, habiendo derramado sobre la cruz de Jesús toda la culpa que merecíamos nosotros. Sin embargo, lo más difícil no es entender que Dios nos perdone así, sino que espere que nosotros aprendamos a perdonar de la misma manera a las personas que nos rodean.

| **Preguntas para reflexión personal** |

¿Estás seguro de que Dios te perdonó? ¿O a veces dudas?

¿Qué sentimientos te produce saber que Dios te ha perdonado? ¿Tienes miedo de que te quite su perdón?

| **Tiempo de diálogo** |

¿Cómo se concibe y se vive el perdón en tu familia o tu cultura?

El desafío de imitar a Dios aprendiendo a perdonar

En Mateo 18:23-35 encontramos esta parábola que cuenta Jesús para enseñarnos a perdonar:

> [23]El reino de los cielos es semejante a un rey que quiso hacer cuentas con sus siervos. [24]Cuando comenzó a hacer cuentas, le llevaron a uno que le debía plata por millones. [25]Como éste no podía pagar, su señor ordenó que lo vendieran, junto con su mujer y sus hijos, y con todo lo que tenía, para que la deuda quedara pagada. [26]Pero aquel siervo se postró ante él, y le suplicó: «Señor, ten paciencia conmigo, y yo te lo pagaré todo». [27]El rey de aquel siervo se compadeció de él, lo dejó libre y le perdonó la deuda. [28]Cuando aquel siervo salió, se encontró con uno de sus consiervos, que le debía cien días de salario, y agarrándolo por el cuello le dijo: «Págame lo que me debes». [29]Su consiervo se puso de rodillas y le rogó: «Ten paciencia conmigo, y yo te lo pagaré todo». [30]Pero aquél no quiso, sino que lo mandó a la cárcel hasta que pagara la deuda. [31]Cuando sus consiervos vieron lo que pasaba, se pusieron muy tristes y fueron a contarle al rey todo lo que había pasado.

³²Entonces el rey le ordenó presentarse ante él, y le dijo: «Siervo malvado, yo te perdoné toda aquella gran deuda, porque me rogaste. ³³¿No debías tú tener misericordia de tu consiervo, como yo la tuve de ti?». ³⁴Y muy enojado, el rey lo entregó a los verdugos hasta que pagara todo lo que le debía. ³⁵Así también mi Padre celestial hará con ustedes, si no perdonan de todo corazón a sus hermanos.

¡Qué desagradecidos que somos al recibir el perdón de Dios y negárselo a los que nos rodean! ¡Qué engreídos somos! Esa actitud crece cuando nos consideramos superiores a los demás, pensando que nosotros sí merecíamos ser perdonados, y no estando dispuestos a rebajarnos para perdonar a otros. Digámoslo claramente: nosotros tampoco merecíamos que Dios nos perdonara. Así que al pensar en esa persona que tal vez te hirió, sería bueno recordar esta frase: «Esa persona no se merece mi perdón... es lo mismo que Dios pensó al mirarme a mí».

La pregunta que motiva esa enseñanza de Jesús viene de los discípulos, quienes ya sabían que tenían que aprender a perdonar, pero de alguna manera buscaban un límite: «Pedro se acercó a Jesús y le preguntó: "Señor, si mi hermano peca contra mí, ¿cuántas veces debo perdonarlo? ¿Hasta siete?"» (Mt 18:21). Me imagino a Pedro animándose a dar una respuesta superadora, casi como pensando que se iba a sacar la nota máxima. Seguramente siete es un número bastante alto. Pedro habrá pensado que era más que suficiente. Sin embargo, Jesús lo sorprende con su respuesta: «No te digo hasta siete veces, sino hasta setenta veces siete» (Mt 18:22).

Cuando sintamos que ya hemos perdonado demasiadas veces a una persona, recordemos la cantidad de veces que Dios nos tiene que perdonar a nosotros. ¡Seguramente nos conviene dejar de contar!

Pero perdonar así puede ser peligroso

Ciertamente el perdón es peligroso. El concepto más profundo del perdón es muy peligroso... por eso Jesús terminó crucificado. Por hacerse cargo de la culpa que merecíamos nosotros, Jesús pagó el precio de la muerte en la cruz del Calvario. Perdonar es asumir la culpa, aceptar que no vamos a cobrar lo que nos deben, y que la persona que nos hirió no va a pagar por lo que hizo. Sin embargo, vale la pena agregar que el perdón no significa validar lo que la otra persona haya hecho. En realidad, nuestro perdón no libera al otro de su responsabilidad ante Dios por lo que haya hecho... el perdón nos libera a nosotros y nos permite seguir adelante con nuestra vida. Aquel que nos hizo daño tendrá que rendir cuentas a Dios.

También se produce cierta confusión a veces en que una actitud perdonadora nos hace vulnerables para volver a ser lastimados. Este es un tema muy delicado. Por ejemplo, una mujer que ha sido golpeada por su marido: ¿espera Dios que ella lo perdone? Sí, ciertamente. ¿Debe permitir que el marido continúe golpeándola? Absolutamente no. Otro ejemplo claro se da con los préstamos: un hombre le presta dinero a su amigo. Al pasar el tiempo, este amigo le pide perdón porque no puede devolverle el préstamo y además le pide un nuevo préstamo para poder resolver su situación. Perdonar es liberar de la culpa, pero no implica volver a caer en la misma trampa. El perdón no implica validar conductas inapropiadas, sino dejar atrás lo que ya ocurrió, obrando con sabiduría en las decisiones hacia el futuro.

Concluyamos esta sección con la exhortación del apóstol Juan: «Amados, si Dios nos ha amado así, nosotros también debemos amarnos unos a otros. Nadie ha visto jamás a Dios. Si nos amamos unos a otros, Dios permanece en nosotros, y su amor se perfecciona en nosotros» (1Jn 4:11-12).

| Preguntas para reflexión personal |

¿Qué es lo que más te ha costado perdonar en tu vida?

¿Qué personas vinieron a tu mente mientras leíamos?

¿Hay algo que te está costando perdonar en este momento?

¿Hay alguien a quien debas pedir perdón por algo?

| Tiempo de diálogo |

¿Qué pasos concretos podemos dar para mostrar el amor de Dios a esas personas que nos lastimaron?

Terminemos este encuentro agradeciendo a Dios por su perdón hacia nosotros y pidiéndole que nos ayude a imitarlo perdonando a las personas que nos hieren.

| CAPÍTULO 12 |
Amistades y noviazgo

«El amor romántico es atractivo, pero tiene un gran problema: no es un amor perdurable».

«El amor ágape es el más fuerte porque ubica a la relación por encima de estas circunstancias».

En el primer encuentro dijimos que la fe nos motiva a desarrollar no solo una relación con Dios, sino también una sana relación con el prójimo. Los cristianos hemos aprendido a disfrutar del amor y del perdón de Dios, pero también la Biblia nos desafía a compartir ese amor y ese perdón con otras personas que nos rodean. Comencemos este encuentro pidiendo a Dios que nos ayude a vivir las relaciones de amistades y noviazgo, de una manera que refleje los valores de la fe cristiana.

La fe y las amistades

No fuimos creados para vivir en soledad. Cuando Dios nos concibió en su propósito, nos creó como seres sociales, necesitados de entablar vínculos con personas a nuestro alrededor con quien podamos compartir la vida. Según el diccionario de la Real Academia Española, la amistad es el «afecto personal, puro y desinteresado, compartido con otra persona, que nace y se fortalece con el trato». ¡Qué buena definición! Amigos no son todas las personas con quienes tenemos vínculo, por más amigables que seamos.

Analizando la definición descrita más arriba, notemos que comienza incluyendo el «afecto personal, puro y desinteresado». Habrá personas que se hacen pasar por amigos, se acercan y compartimos situaciones, pero no lo hacen con afecto desinteresado, sino con un interés personal. Por eso, Proverbios 18:24 dice: «Hay amigos que no son amigos, y hay amigos que son más que hermanos».

En el capítulo anterior hicimos referencia a la Regla de Oro: «Todo lo que quieran que la gente haga con ustedes, eso mismo hagan ustedes con ellos» (Mt 7:12). Esta enseñanza nos motiva a tomar siempre la iniciativa, y no estar calculando lo que podemos sacar de provecho de una relación amistosa. La amistad puede traer muchas alegrías y beneficios como consecuencia, pero esa no es la motivación cristiana para hacer amigos.

Jesús toma el modelo de la amistad para enseñar lo que es el verdadero amor: «Nadie tiene mayor amor que éste, que es el poner su vida por sus amigos» (Jn 15:13). Este modelo nos anima a buscar amigos a quienes podamos hacerles bien, por quienes podamos jugarnos y mostrar así el amor de Dios.

La amistad es recíproca. Los amigos son esas personas que nos acompañan, nos apoyan, nos escuchan... pero también tienen que ser aquellos a quienes acompañamos, apoyamos y escuchamos. La ventaja de tener amigos es bidireccional. Habrá etapas en que necesitemos amigos que nos sostengan, y habrá otros momentos en que deberemos estar ahí listos para sostener a nuestros amigos, siguiendo el ejemplo del mejor amigo, Jesús.

| **Tiempo de diálogo** |

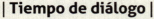

¿Qué lugar les das a las amistades en tu vida?

¿Qué lugar ocupa la amistad en tu cultura?

¿Qué lugar ocupa Dios en tus relaciones de amistad?

¿Hay alguna amistad que necesites fortalecer?

¿Hay alguna amistad que te está haciendo daño?

La fe y el noviazgo

La Biblia no habla directamente del noviazgo como una etapa específica de la relación entre dos personas. Sin embargo, los principios del amor esbozados en la Biblia nos pueden ayudar a enfrentar esta etapa con una mejor perspectiva de lo que Dios quiere para nosotros.

El Nuevo Testamento, que fue escrito originalmente en griego, utiliza cuatro palabras para describir diferentes aspectos que hoy podríamos relacionar con el amor. Vamos a explorar cada una de ellas y vincularlas con cuatro etapas genéricas de una relación creciente.

El afecto

La palabra griega *sturge* implica el afecto o cariño que podemos tener por otra persona. Es lo que podemos sentir frente a un ser querido, un compañero de estudio, un colega en el trabajo o incluso una mascota. Esta palabra puede ser usada para reflejar una amistad sin mucha profundidad, una amistad en sus primeras fases, un respeto y cariño mutuo. Este nivel de amor implica tener ciertas cosas en común, pero no hace falta compartir muchos aspectos de la vida.

La amistad

Esta etapa la desarrollamos en el punto anterior. La incluimos aquí como recordatorio de que es una de las etapas en una relación creciente. A veces estamos apurados y pretendemos saltarnos esta etapa... pasar directo del cariño al noviazgo. Pero en este tiempo de amistad llegamos a conocer más profundamente a la persona para poder decidir mejor si es la persona con quien queremos compartir el resto de nuestra vida.

Esta etapa se puede relacionar con la palabra griega *fileo*. Este término puede aplicarse a una amistad más profunda que incluye una mayor confianza y lealtad. Esta palabra implica que hay un vínculo establecido y recíproco entre las partes. Este tipo de amor incluye aceptación formal de la otra persona en mi vida, y la confianza de ser uno mismo, sin esconder nada.

El enamoramiento

La mayoría de las veces que hablamos de amor nos referimos al amor romántico, a lo que sentimos que significa «estar enamorados». Entre todos los amigos que tenemos, en algún momento, uno o una de ellas resalta por encima de los demás y comienza a atraer nuestra atención. Nos sentimos atraídos por una persona en particular. Es importante que esta atención especial hacia una persona no haga que se acabe la amistad con el resto de los amigos. Un vínculo que pretende aislarte de tus otros amigos refleja una relación enfermiza. Toda amistad especial debe respetar y promover el vínculo con otros amigos.

Esta etapa de enamoramiento muchas veces incluye atracción física y deseo intenso de estar con la otra persona permanentemente. La palabra griega para este amor es *eros*, de donde provienen las palabras en español relacionadas con lo erótico. Eros, conocido como dios del amor, está relacionado con lo sensual. Las emociones y los sentimientos en esta etapa de enamoramiento son parte importante de nuestras relaciones amorosas y no debemos censurarlas. Muchas veces, sobre todo durante la adolescencia y la juventud, se pone mucho énfasis en la belleza corporal al momento de enamorarse. El cristiano buscará tener en cuenta también la belleza del alma (en su salud emocional y mental) y la belleza espiritual (el disfrute de la relación con Dios).

El peligro del enamoramiento se incrementa cuando este amor sensual es el que domina una relación, ahogando el crecimiento sano de una amistad que incluya los aspectos emocionales, intelectuales, relacionales y espirituales. Las relaciones que solo se basan en la atracción física suelen ser muy endebles. Tal vez esta sea una de las razones por las cuales Dios concibe la relación sexual como parte de la relación matrimonial, como consecuencia de un vínculo que ya ha sido establecido y está basado en los otros aspectos de una relación de amor. Muchas parejas de novios piensan que el hecho de tener relaciones sexuales fortalecerá su vínculo. La historia de muchas parejas sencillamente nos ha demostrado que esto no es así.

Luego de haber creado a Adán y Eva, el Creador establece la pauta para la relación entre ambos: «El hombre dejará a su padre y a su madre, y se unirá a su mujer, y serán un solo ser» (Gn 2:24). Este es el vínculo profundo que Dios establece para el matrimonio, que propone una unidad integral donde se pueda disfrutar la relación sexual como consecuencia del vínculo. La relación sexual no fue creada como causa del vínculo de unidad, sino como su consecuencia. El apóstol Pablo escribió duramente a los corintios para enseñar lo dañino de las relaciones sexuales fuera del matrimonio. En particular, en 1 Corintios 6, Pablo enseña que unirse sexualmente con una persona implica también una unidad espiritual. Por eso Pablo concluye: «Huyan de la inmoralidad sexual… Den gloria a Dios en su cuerpo y en su espíritu, los cuales son de Dios» (1Co 6:18, 20).

El amor romántico es atractivo, pero tiene un gran problema: no es un amor perdurable. De hecho, de las cuatro relaciones aquí planteadas es el amor más frágil, aunque el enamorado viva en una burbuja y sienta que todo saldrá siempre bien. Para que una relación amorosa perdure en el tiempo, será necesario crecer un poco más hacia el siguiente nivel de amor.

El amor ágape

La palabra griega *agape* es la más utilizada en el Nuevo Testamento para describir el amor de Dios hacia la humanidad y nos exhorta a poner en práctica ese mismo amor hacia él y hacia los demás. Este tipo de amor es contracultural, va más allá de lo que en general se concibe cuando una persona le dice a la otra: «Te amo».

Romanos 5:8 nos da una introducción al tipo de amor de Dios: «Dios muestra su amor por nosotros en que, cuando aún éramos pecadores, Cristo murió por nosotros». No es fácil entender este amor porque generalmente nosotros decimos: «Te amo porque…», mientras que Dios nos dice: «Te amo a pesar de…». La fortaleza de este tipo de amor es que es incondicional. En una relación profunda siempre pueden aparecer opiniones encontradas, malos entendidos o diferentes tipos de problemas. El amor ágape es el más fuerte porque ubica a la relación por encima de estas circunstancias.

A diferencia del enamoramiento, este amor es más racional. Amar así incluye la decisión de pedir perdón y perdonar como algo habitual en la relación, reconociendo que no somos perfectos y buscando siempre el bienestar de la pareja. Una buena forma de evaluar si un noviazgo está siguiendo el amor enseñado por la Biblia es analizar la relación a la luz de 1 Corintios 13:4-7. Si bien este pasaje se refiere al amor en general, y se usa particularmente para el amor matrimonial, podemos considerarlo para el noviazgo, entendiendo esta etapa como una preparación para el matrimonio:

> ⁴El amor es paciente y bondadoso; no es envidioso ni jactancioso, no se envanece; ⁵no hace nada impropio; no es egoísta ni se irrita; no es rencoroso; ⁶no se alegra de la injusticia, sino que se une a la alegría de la verdad. ⁷Todo lo sufre, todo lo cree, todo lo espera, todo lo soporta.

| **Tiempo de diálogo (si estamos en la etapa del noviazgo)** |

¿De qué manera comenzó la relación?

¿Qué emociones te surgen al conversar de esta relación?

¿Cómo podemos analizar la relación a la luz de 1 Corintios 13?

¿Qué lugar ocupa Dios en esta relación?

¿Qué aspectos de la relación podrían necesitar nuestra atención?

Concluyamos este encuentro orando por nuestras amistades, nuestro noviazgo actual o futuro, según sea el caso de cada uno.

| CAPÍTULO 13 |
El matrimonio y la familia

«La Biblia nos llama a honrar ese matrimonio, disfrutando de la persona que Dios puso a nuestro lado, y dando gloria a Dios en todo lo que hacemos».

«Teniendo en cuenta los patrones heredados, el cristiano debe orar buscando perdón y sanidad, rompiendo la autoridad de esos patrones en nuestra vida, en la vida de sus familiares y trayendo luz en la familia para las generaciones futuras».

En el primer encuentro reflexionamos sobre la importancia de que nuestra fe no implica solo una relación con Dios, sino que el cristiano es llamado a desarrollar vínculos sanos con las personas a su alrededor. En el segundo encuentro pusimos en práctica ese llamado en cuanto a las amistades y el noviazgo. Hoy comencemos este encuentro pidiendo a Dios que nos ayude a desarrollar un entendimiento bíblico y relaciones sanas en el matrimonio y la familia.

La fe y el matrimonio

El matrimonio no es solo una costumbre social; es una institución divina. Dios ha dispuesto que sea una unión íntima, no sólo desde el punto de vista espiritual sino en todos los aspectos de la vida. El matrimonio es un pacto de unidad que dos personas, hombre y mujer, hacen con Dios. Desde el comienzo la Biblia deja claro que creó a Adán y a Eva, representantes de la humanidad. Génesis 2:24 dice: «El hombre dejará a su padre y a su madre, y se unirá a su mujer, y serán un solo ser». Este es el pacto que los contrayentes hacen ante Dios al momento de casarse y se espera que se mantenga mientras los dos vivan.

¿Cuál es el propósito de Dios para el matrimonio? Génesis 1:27-28 dice así: «Dios creó al hombre a su imagen. Lo creó a imagen de Dios. Hombre y mujer los creó. Y los bendijo Dios con estas palabras: "¡Reprodúzcanse, multiplíquense, y llenen la tierra! ¡Domínenla! ¡Sean los señores de los peces del mar, de las aves de los cielos, y de todos los seres que reptan sobre la tierra!"». De esta manera, una parte del propósito de Dios para el matrimonio es reproducirse, llenar la tierra y dominarla.

En el segundo relato de la creación, Génesis 2, la Biblia muestra a Adán solo, y Dios declara que eso no es algo bueno. Por eso Dios expresa la necesidad de crear una ayuda adecuada. De aquí podemos concluir que otro propósito del matrimonio es ayudarse mutuamente, complementarse, sostenerse y animarse. Eclesiastés 4:12 dice: «Uno solo puede ser vencido, pero dos presentan resistencia. El cordón de tres hilos no se rompe fácilmente».

Podemos incluir aquí también como tercer propósito del matrimonio, la meta más alta del ser humano en general. La primera pregunta del Catecismo Menor de Westminster dice así: «Pregunta: ¿Cuál es el fin principal del hombre? Respuesta: El fin principal del hombre es glorificar a Dios y gozar de Él para siempre». Esta respuesta está basada con amplitud en 1 Corintios 10:31, que dice: «Háganlo todo para la gloria de Dios». Por eso podemos inferir que un propósito de Dios para el matrimonio es que un hombre y una mujer glorifiquen juntos a Dios y disfruten para siempre de él y de todas sus bendiciones.

Lamentablemente, esta mirada romántica del matrimonio pronto cae en Génesis 3 con la caída en pecado de Adán y Eva como representantes de la humanidad. Este hecho nos llama a reconocer que los seres humanos somos pecadores y solemos arruinar lo que Dios establece. Sin embargo, la solidez de un matrimonio no se basa en la perfección del hombre y la mujer, sino en una aceptación constante del amor de Dios, en una actitud humilde para pedir perdón y perdonar, y de un esfuerzo de los contrayentes para cumplir el pacto que han hecho ante Dios.

Una de las promesas que los contrayentes asumen en el matrimonio es la fidelidad. Es triste ver cómo el adulterio destruye familias. Pero la Biblia no deja lugar a dudas. Éxodo 20:14 establece claramente: «No cometerás adulterio». Proverbios 6:32 lo dice de manera más práctica: «Cometer adulterio es no tener cabeza; quien adultera, se corrompe a sí mismo». Pero Jesús va más allá del hecho concreto del adulterio. En el Sermón del Monte, Jesús enseñó lo siguiente:

> [27]Ustedes han oído que fue dicho: «No cometerás adulterio». [28]Pero yo les digo que cualquiera que mira con deseos a una mujer, ya adulteró con ella en su corazón. [29]Por tanto, si tu ojo derecho te hace caer en pecado, sácatelo y deshazte de él; es mejor que se pierda uno de tus miembros, y no que todo tu cuerpo sea echado al infierno. [30]Y si tu mano derecha te hace caer en pecado, córtatela y deshazte de ella; es mejor que se pierda uno de tus miembros, y no que todo tu cuerpo sea echado al infierno (Mt 5:27-30).

El Nuevo Testamento utiliza la figura del matrimonio para describir la relación de Dios con la iglesia; esa es la fuerza que tiene el matrimonio para Dios. El apóstol escribe esto como enseñanza para esposos y esposas: «Cultiven entre ustedes la mutua sumisión, en el temor de Dios. Ustedes, las casadas, honren a sus propios esposos, como honran al Señor... Esposos, amen a sus esposas, así como Cristo amó a la iglesia, y se entregó a sí mismo por ella» (Ef 5:21-25). De esta manera, Dios establece un pacto de sumisión mutua en el matrimonio que refleja en alguna medida la unión de Cristo con la iglesia.

Los cristianos somos llamados a respetar y honrar esta institución creada por Dios y llevar a cabo los propósitos para los cuales Dios nos unió. Hebreos 13:4 dice: «Todos ustedes deben honrar su matrimonio, y ser fieles a sus cónyuges». La Biblia no nos llama a un sometimiento ciego de obediencia sacrificial aguantando el matrimonio porque hicimos ese pacto con Dios. La Biblia nos llama a honrar ese matrimonio, disfrutando de la persona que Dios puso a nuestro lado, y dando gloria a Dios en todo lo que hacemos. Más allá del sentido del humor y de las bromas que se hacen en la actualidad, el matrimonio vivido a la manera de Dios no es para sufrir sino para disfrutar.

| Tiempo de diálogo (si estamos casados) |

¿Qué viene a tu mente al pensar en tu matrimonio?

- ¿De qué manera está Dios presente en tu matrimonio?
- ¿Qué aspectos del matrimonio necesitan más la presencia de Dios?
- ¿Qué decisiones puedes tomar para bendecir tu matrimonio hoy?

La vida de fe en la familia

Más allá de la vida matrimonial que describimos en el capítulo anterior, los cristianos son llamados a rendir al señorío de Cristo toda su vida familiar, tanto la familia heredada como la familia construida. El pastor Churruarin escribe: «Nacemos en una familia y venimos a una vida que no hemos escogido; ni siquiera el hecho de nacer fue nuestra elección. La herencia genética, el entorno familiar y social marcarán para bien o para mal la vida de toda criatura que viene a este mundo. Cada persona tendrá oportunidad de modificar los aspectos no deseados e indeseables cuando tome conciencia de ellos y esté decidida a cambiarlos»[21].

Podemos estar orgullosos o avergonzados de la familia que tenemos. En ambos casos, la fe nos desafía a evaluar nuestra familia a través de los ojos de Cristo y que nuestra fe nos ayude a ser luz allí donde haya oscuridad. La Lic. Elba Somoza escribe: «Necesitamos revisar qué cosas buenas y malas han venido en nuestro árbol genealógico, a fin de sanar lo que fue dañado por influencia de las generaciones anteriores»[22]. En algún momento de la vida debemos detenernos a mirar cuáles son las conductas, actitudes, valores, adicciones y otros patrones que pudimos recibir de nuestra familia. En lo espiritual, también es importante evaluar si hubo prácticas de ocultismo en nuestra historia familiar, o participación en alguna secta que pudiera afectar la paz espiritual o generar ataduras con espíritus malignos. La Biblia dice que estas prácticas espirituales de ocultismo existen. Como cristianos, se nos insta a estar conscientes de esta realidad, sin tener miedo, sino orando para cortar toda herencia que pueda afectar nuestra salud espiritual, y entregar toda nuestra vida al señorío de Cristo para que él mismo sea quien nos libra de toda atadura y nos permite vivir una paz completa.

---

21. Elba Somoza, *Sanidad en las relaciones familiares*, p. 5.
22. *Ibid.*, p. 51.

Teniendo en cuenta los patrones heredados, el cristiano debe orar buscando perdón y sanidad, rompiendo la autoridad de esos patrones en nuestra vida, en la vida de sus familiares y trayendo luz en la familia para las generaciones futuras. Los cristianos no somos perfectos, pero Cristo nos ayuda a ser una buena influencia para quienes nos rodean. Además, la Biblia nos deja algunas instrucciones para poner en práctica en las relaciones familiares, intentando comprender el propósito de Dios para la familia.

Luego de sus instrucciones para esposos y esposas, el apóstol Pablo continúa con sus instrucciones con referencia a los padres y los hijos: «Hijos, obedezcan a sus padres en el nombre del Señor, porque esto es justo. Honra a tu padre y a tu madre, que es el primer mandamiento con promesa; para que te vaya bien, y tengas una larga vida sobre la tierra. Ustedes, los padres, no exasperen a sus hijos, sino edúquenlos en la disciplina y la instrucción del Señor» (Ef 6:1-4).

La Biblia deja claro que Dios quiere que las familias vivan en armonía y delega en los padres la responsabilidad principal de educar a sus hijos. La Lic. Somoza lo explica así:

> En la familia no somos todos iguales; cada uno es distinto, tiene su lugar propio y funciones diferentes de los demás. La familia es la estructura jerárquica donde los padres tienen autoridad sobre sus hijos... En la actualidad los padres parecen temerosos de poner límites, disciplinar, ordenar a sus hijos. Cuando no cumplen su papel como padres pierden la autoridad que les ha sido delegada por Dios y la violencia se adueña de las familias[23].

Finalmente, la Biblia también enseña que la familia es el ámbito más propicio para poner en práctica la fe. En la actualidad, muchas corrientes conciben a la fe como una práctica individual y privada. Sin embargo, en los tiempos de la Biblia, la fe era una experiencia familiar y comunitaria. Lucas relata la historia de un carcelero que aceptó el mensaje del evangelio predicado por Pablo y Silas. En dicho relato, el carcelero les preguntó: «"Señores, ¿qué debo hacer para salvarme?". Ellos le dijeron: "Cree en el Señor Jesucristo, y se salvarán tú y tu familia". Y les hablaron

---

23. *Ibid.*, p. 85.

de la palabra del Señor a él y a toda su familia. A esas horas de la noche el carcelero los tomó y les lavó las heridas, y luego él y toda su familia fueron bautizados; después los llevó a su casa y les sirvió de comer, y él y toda su casa se alegraron mucho de haber creído en Dios» (Hch 16:30-34).

En este relato vemos la importancia que se da al ámbito familiar en las cuestiones de la fe. De la misma manera, los cristianos procurarán vivir su fe en familia. Si los otros miembros de la familia son cristianos, esta enseñanza nos motivará a vivir la fe en común mediante diferentes disciplinas espirituales familiares como leer juntos la Biblia, cantar alabanzas, participar de la iglesia, compartir tiempos de oración, etc. Si los otros miembros de la familia no comparten nuestra fe, el desafío del cristiano es orar por su familia, y vivir de tal manera que ellos puedan ver la presencia de Dios en sus vidas. De una u otra forma, la fe está incluida en nuestra vida familiar.

| Tiempo de diálogo |

¿Qué patrones culturales o familiares (positivos o negativos) has heredado de las generaciones anteriores?

¿Qué patrones familiares quisieras transmitir a las futuras generaciones?

| Preguntas para reflexión personal |

¿Cómo estás honrando a Dios en tu vida familiar?

¿Qué podrías hacer para tener a Dios más presente en tu familia?

Concluyamos este encuentro pidiendo a Dios su bendición sobre nuestros matrimonios y nuestras familias.

| CAPÍTULO 14 |
El desafío multicultural

«A lo largo de todo el Nuevo Testamento leemos la preocupación de Jesús y los apóstoles por llevar el mensaje del evangelio a todas las naciones y pueblos».

«La diversidad cultural no es en absoluto un accidente en la humanidad, ni mucho menos un castigo de Dios... Es el plan de Dios que existan diversos pueblos y naciones que sepan convivir en armonía celebrando la creatividad divina manifestada en la heterogeneidad cultural».

Habiendo concluido la reflexión acerca de los vínculos familiares, avancemos ahora a considerar nuestra relación con las culturas que son diferentes de las nuestras: el desafío multicultural.

El desafío multicultural
En el mundo globalizado en que vivimos, ya no es posible evitar los vínculos con personas de otras culturas. Especialmente en las grandes ciudades, nos encontramos con una creciente confluencia de personas de diferentes trasfondos culturales. Lamentablemente, a veces nos cuesta disfrutar esa diversidad y hemos tenido ejemplos muy tristes de discriminación racial. Hoy analizaremos la importancia de amar y disfrutar de aquel que es diferente. No lo haremos solo desde una perspectiva humanista, sino desde el entendimiento de que el propósito de Dios es reunir a todas las naciones a los pies de Cristo.

¿Qué dice la Biblia?
Algunas personas piensan ven la diversidad cultural solamente en términos de lo que ocurrirá en los nuevos cielos y la nueva tierra, en el

mundo venidero descrito en el Apocalipsis. Por ejemplo, Apocalipsis 5:9 dice de Cristo: «Con tu sangre redimiste para Dios gente de toda raza, lengua, pueblo y nación». Y dos capítulos más adelante, Juan continúa describiendo la revelación que recibió, viendo aparecer «una multitud compuesta de todas las naciones, tribus, pueblos y lenguas» (Ap 7:9). Pero esto no es solo el final de la historia, sino que podemos encontrar el corazón de Dios por la diversidad cultural ya desde el primer libro, Génesis, y a lo largo de todas las páginas de la Biblia.

A primera vista, muchas personas llegan a la conclusión de que la diversidad cultural y lingüística es una consecuencia drástica del episodio de la Torre de Babel, en Génesis 11. En ese evento, Dios observa un pueblo lleno de orgullo, intentando construir una gran torre para llegar a ser un pueblo famoso y evitar ser dispersado. Al observar esa actitud, Dios desciende y los dispersa. ¿Pero cuál es el contexto de este pasaje? ¿Puede considerarse esa acción de Dios como un castigo?

Después del diluvio, Dios hace un pacto con Noé, bendiciéndolo y pidiéndole que sean fecundos, que se multipliquen y llenen la tierra (Gn 9:1, reiterando el mandato a Adán y Eva). En Génesis 10, vemos a los descendientes de Noé obedeciendo a Dios, llenando la tierra, estableciendo naciones y clanes, con sus propios idiomas (Gn 10:5, 20, 31, 32). Allí queda claro que las naciones, clanes, culturas y lenguas no eran un castigo de Dios, sino un medio de obedecer el mandato de llenar la tierra.

El episodio de la Torre de Babel viene a cuestionar la actitud de encerrarse en un solo lugar, con un solo idioma, y pretender sobresalir por sobre el resto de la humanidad, algo que era totalmente contrario a la voluntad de Dios. De hecho, al concluir la creación del mundo entero, Dios dijo al hombre y a la mujer: «Sean fecundos y multiplíquense. Llenen la tierra» (Gn 1:28). Dios les dio la orden de dispersarse, sabiendo que esa dispersión traería como consecuencia diferencias culturales.

Antes del relato de la torre de Babel, la Biblia describe la descendencia de Noé y declara: «A partir de estos fueron pobladas las costas de las naciones según sus territorios, cada una según su idioma, conforme a sus familias en sus naciones» (Gn 10:5). La dispersión de las naciones en distintas culturas e idiomas no puede entenderse en la Biblia como un castigo, sino más bien como una invitación a la humanidad a disfrutar la diversidad cultural, a aprovechar toda la extensión territorial de su creación, puestas todas las culturas en un pie de igualdad, y todas las criaturas adorando y sirviendo a su Creador.

Más aún, el capítulo siguiente al relato de la Torre de Babel incluye el llamado a Abram, padre de la fe. Dicho llamado continúa promoviendo la diseminación, pero además incluye la vocación de ser un agente activo mediante el cual las naciones sean benditas. Dios le dice a Abram: «Bendeciré a los que te bendigan, y a los que te maldigan maldeciré. Y en ti serán benditas *todas las familias de la tierra*» (Gn 12:3).

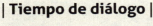

| **Tiempo de diálogo** |

¿De qué maneras concretas podemos evaluar si hay discriminación racial en nuestra ciudad?

¿Qué sentimientos surgen al vincularnos a personas de otra cultura?

¿Cuáles son las causas que nos llevan a desconfiar de quienes son diferentes?

La diversidad cultural en los evangelios

La teología cristiana describe que uno de los aspectos más sobresalientes de la venida de Cristo implica la apertura del vínculo especial que Dios tuvo desde la antigüedad con el pueblo de Israel, llegando a ser ahora un vínculo de fe con todas las naciones por igual, sin privilegios ni distinciones. A lo largo de todo el Nuevo Testamento leemos la preocupación de Jesús y los apóstoles por llevar el mensaje del evangelio a todas las naciones y pueblos.

Uno de los momentos claros en que vemos esto es en el primer sermón de Jesús. En Lucas 4:14-30 se relata el comienzo de su ministerio. En esa oportunidad entró en la sinagoga y leyó el texto que dice: «El Espíritu del Señor está sobre mí. Me ha ungido para proclamar buenas noticias a los pobres; me ha enviado a proclamar libertad a los cautivos, a dar vista a los ciegos, a poner en libertad a los oprimidos y a proclamar el año de la buena voluntad del Señor» (vv. 18-19). Luego, en el versículo 21, Jesús dice: «Hoy se ha cumplido esta Escritura delante de ustedes». La reacción de la audiencia fue halagüeña, y «todos hablaban bien de él» (v. 22).

Pero después de eso, Jesús puso dos ejemplos que harían cambiar la opinión de sus oyentes: «En los días de Elías, cuando durante tres años y medio el cielo se cerró y hubo mucha hambre en toda la tierra, había muchas viudas en Israel; pero Elías no fue enviado a ninguna de ellas, sino a una viuda en Sarepta de Sidón. Y en los días del profeta Eliseo había también muchos leprosos en Israel, pero ninguno de ellos fue limpiado sino Namán el sirio» (vv. 25-27). Así, Jesús describió claramente que en estos episodios Dios había favorecido a dos extranjeros por sobre su propio pueblo de Israel. Desde el inicio de su ministerio, Jesús advirtió que no venía a servir sólo a los judíos, sino a todas las naciones.

Sus palabras sin duda causaron un gran revuelo entre aquellos que pretendían tener a Dios solo para ellos y su pueblo, entre aquellos que no entendían que Dios era creador de toda la humanidad. Entonces, el pasaje termina así: «Al oír esto, todos en la sinagoga se enojaron mucho. Se levantaron, lo echaron fuera de la ciudad, y lo llevaron hasta la cumbre del monte sobre el que estaba edificada la ciudad, para despeñarlo. Pero él pasó por en medio de ellos, y se fue» (vv. 28-30).

Más adelante en su ministerio, en Mateo 24:14, Jesús dice: «Y este evangelio del reino será predicado en todo el mundo para testimonio a todas las naciones, y luego vendrá el fin». Esta actitud inclusiva se demuestra también cuando Jesús fue a purificar el templo, el centro de la religiosidad exclusivista de un grupo de personas, un grupo sectario, que se creía superior a los demás. Luego de volcar las mesas de los cambistas y las sillas de los vendedores, Jesús proclamó: «Mi casa será llamada casa de oración para todas las naciones» (Mr 11:17).

En la conocida Gran Comisión, Jesús ordenó claramente a sus seguidores: «Vayan y hagan discípulos de todas las naciones» (Mt 28:19). Evaluando las enseñanzas de Jesús, no cabe la menor duda de que su corazón estaba inclinado hacia la celebración de la diversidad cultural y la salvación de personas de todas las naciones.

La diversidad cultural en la iglesia primitiva

El credo apostólico dice que Jesús fue crucificado y resucitó al tercer día. Ya resucitado, luego de pasar un tiempo con sus discípulos, ascendió a los cielos y envió al prometido Espíritu Santo durante la fiesta de Pentecostés. A estas alturas, no debería resultarnos extraño que Dios haya decidido manifestar como señal de la venida del Espíritu Santo el milagro del entendimiento entre personas de diferentes culturas que proclamaban unánimes las maravillas de Dios en sus diversos idiomas (Hch 2:1-11).

Claramente, ese no fue el final de los conflictos raciales en la iglesia primitiva, sino solo el comienzo de un largo camino. Muy pronto algunas iglesias comenzaron a imponer sus tradiciones culturales a personas de otras regiones que querían adoptar la fe cristiana. Por ejemplo, el apóstol Pedro recibió una visión impactante cuando fue invitado por Cornelio, un hombre «extranjero», piadoso y temeroso de Dios. Luego de la visión, cuando accede a visitar a este hombre y su familia, Pedro les explica: «Como ustedes saben, para un judío es muy repugnante juntarse o acercarse a un extranjero, Pero Dios me ha hecho ver que no puedo llamar a nadie gente común o impura» (Hch 10:28). Más aún, luego de reconocer el hambre espiritual y la buena voluntad de Cornelio y su familia, Pedro declaró: «En verdad comprendo ahora que Dios no hace acepción de personas, sino que a él le agrada todo aquel que le teme y hace justicia, sea de la nación que sea» (Hch 10:34-35).

El apóstol Pablo también tuvo sus experiencias y se ocupó de explicar de manera argumentativa la intención de Dios de reunir en su pueblo a personas provenientes de todas las naciones. Por ejemplo, en Hechos 17:26 Pablo explica que: «De uno solo ha hecho toda raza de los hombres, para que habiten sobre toda la faz de la tierra». Esta reflexión fue profundizada en su carta a los efesios, posiblemente una carta epistolar escrita a modo de circular para ser distribuida en varias ciudades, con un fuerte énfasis sobre la unidad de la iglesia.

En esta carta, Pablo argumenta así a favor de la reconciliación entre judíos y gentiles:

> [14]Porque él es nuestra paz. De dos pueblos hizo uno solo, al derribar la pared intermedia de separación [15]y al abolir en su propio cuerpo

las enemistades. Él puso fin a la ley de los mandamientos expresados en ordenanzas, para crear en sí mismo, de los dos pueblos, una nueva humanidad, haciendo la paz, ¹⁶y para reconciliar con Dios a los dos en un solo cuerpo mediante la cruz, sobre la cual puso fin a las enemistades. ¹⁷Él vino y a ustedes, que estaban lejos, les anunció las buenas nuevas de paz, lo mismo que a los que estaban cerca. ¹⁸Por medio de él, unos y otros tenemos acceso al Padre en un mismo Espíritu. ¹⁹Por lo tanto, ustedes ya no son extranjeros ni advenedizos, sino conciudadanos de los santos y miembros de la familia de Dios (Ef 2:14-19).

El mismo Pablo describió poéticamente el plan de Dios declarando lo siguiente: «Por lo cual Dios también lo exaltó hasta lo sumo, y le dio un nombre que es sobre todo nombre, para que en el nombre de Jesús se doble toda rodilla de los que están en los cielos, y en la tierra, y debajo de la tierra; y toda lengua confiese que Jesucristo es el Señor, para gloria de Dios el Padre» (Fil 2:9-11). Asimismo en Gálatas, toda una carta escrita para enseñar que para Dios todas las personas y todos los pueblos son iguales en su esencia, el apóstol Pablo dice: «Ya no hay judío ni griego; no hay esclavo ni libre; no hay varón ni mujer, sino que todos ustedes son uno en Cristo Jesús» (Gá 3:28).

Podríamos continuar mencionando enseñanzas de la Biblia acerca del plan de Dios para la celebración de la diversidad cultural, pero creemos que lo referido hasta aquí es una muestra más que suficiente para desafiarnos a unirnos al plan de Dios de la reconciliación racial y la celebración de la diversidad cultural.

¿Y entonces qué?
La Biblia nos enseña que la diversidad cultural no es en absoluto un accidente en la humanidad, ni mucho menos un castigo de Dios. Por el contrario, es el plan de Dios que existan diversos pueblos y naciones que sepan convivir en armonía celebrando la creatividad divina manifestada en la heterogeneidad cultural. Pero más allá de comprenderlo, ¿qué puede hacer cada uno de nosotros?

Si eres parte de una minoría en tu ciudad, es muy importante que entiendas que «Dios no hace acepción de personas», que Dios te ama y quiere ayudarte a enfrentar los desafíos que tengas por delante. Además, es necesario que sepas que hay buenos cristianos en tu ciudad que tal vez aún con buenas intenciones, no logren comprender lo que experimentan las minorías. Por esto, te animamos a poner en práctica el amor al prójimo, amando a esas personas a pesar de las actitudes de indiferencia que puedan tener hacia tus experiencias, e intentando ayudarlos a comprender mejor tus sentimientos y tu cultura. Asimismo, te alentamos a intentar integrarte en grupos diversos, donde puedas ser aceptado, compartir tu cultura y conocer a personas diferentes.

Si eres parte de la cultura mayoritaria en tu ciudad, tal vez ya te habrás dado cuenta de que hay personas de diferentes culturas a tu alrededor. Las estadísticas muestran claramente un fuerte avance de la diversidad cultural, especialmente en los grandes centros urbanos del mundo. Si ya descubriste que esto está ocurriendo a tu alrededor, te animamos a interesarte por vecinos que formen parte de minorías étnicas, intentando acercarte, establecer vínculos, y aprender de su cultura. Sin duda, habrá muchas cosas interesantes para descubrir y tal vez así puedas celebrar más la diversidad cultural, pero también lograrás entender mejor a quienes sufren discriminación.

En definitiva, el mandamiento de Dios no incluye colores: «Ama a tu prójimo como a ti mismo».

| **Tiempo de diálogo** |

¿De qué formas puedes cambiar tu manera de pensar con respecto a otras culturas?

¿De qué maneras puedes entablar un vínculo con alguien diferente para conocer más y celebrar mejor su cultura?

¿En qué sentido te puede edificar el hecho de conocer culturas diferentes?

¿De qué manera tu fe puede ser enriquecida mediante la diversidad cultural?

Concluyamos este encuentro orando para que podamos poner en práctica el amor de Dios por todas las culturas y sepamos celebrar la diversidad.

| CAPÍTULO 15 |
La comunidad de fe y el desafío multicultural

«Si hay algo que nos cuesta entender de la obra de Dios en el mundo es justamente que amó a sus enemigos».

Hasta aquí hemos analizado diferentes formas de amar al prójimo. En el capítulo 11 vimos cómo el amor de Dios hacia nosotros nos impulsa a amar a los demás. Jesús dijo: «Así como yo los he amado, ámense también ustedes unos a otros» (Jn 13:34). En los capítulos 12 y 13 vimos cómo se aplica el amor al prójimo en las amistades, el noviazgo, el matrimonio, y la familia, teniendo en cuenta las enseñanzas de Dios que encontramos en la Biblia. Finalmente, el capítulo 14 incluyó formas de tener presente el amor que Dios tiene por todas las culturas.

En este último encuentro consideraremos el amor al prójimo que se vive en la iglesia como comunidad de fe. Finalmente analizaremos el desafío más radical que nos enseña Jesús: el amor a nuestros enemigos.

La vida de fe en la iglesia
Más allá de la familia de sangre, heredada o construida, al hacernos cristianos Dios nos inserta en otra familia, una familia de fe, la iglesia.

«La vida cristiana no es solamente un asunto privado de cada uno. Si hemos nacido de nuevo en la familia de Dios, entonces Dios se ha constituido en nuestro Padre celestial. Pero eso no es todo: los demás cristianos del mundo, cualquiera sea su nacionalidad o denominación, son ahora nuestros hermanos en Cristo»[24]. En muchos momentos de la historia y hasta la actualidad, los movimientos cristianos han usado las palabras «hermano» y «hermana» para designar a las personas de la iglesia. Aunque parezca algo trillado, ese vínculo está establecido en la Biblia. Nos puede gustar o no el uso del término, pero si Dios es nuestro Padre, y somos parte de la familia de Dios, somos llamados a estrechar esos vínculos de hermandad.

La fe no nos une solo de manera espiritual a la iglesia cristiana en todo el mundo, sino que la Biblia nos anima a vivir esa fe en el contexto de una comunidad eclesial local, una iglesia donde podamos participar en adoración, creciendo juntos en la fe, disfrutando de relaciones sanas y sirviendo juntos a Dios. La unidad de la iglesia no tiene el mero objetivo de que los cristianos la pasen bien con otros amigos cristianos, sino que también se propone cumplir la función que Dios le dio a la iglesia de ayudarse unos a otros, manifestar el amor de Jesús y ser luz en el mundo.

Cuando Pablo escribe a los cristianos de la iglesia de Éfeso, los anima a vivir en unidad. «Les ruego que vivan como es digno del llamamiento que han recibido, y que sean humildes y mansos, y tolerantes y pacientes unos con otros, en amor. Procuren mantener la unidad del Espíritu en el vínculo de la paz» (Ef 4:1-3). En esta primera parte, Pablo les habla sobre la actitud adecuada para disfrutar la unidad entre los cristianos. Nos dice que vivamos como es digno del llamamiento que recibimos de Dios. Es Dios el que nos llamó a ser parte de su familia, y debemos honrar la familia que él nos ha dado. Por eso nos exhorta a ser humildes y pacientes, y a tratarnos con amor. Por último dice que «procuren mantener la unidad». Otra versión dice: «Esfuércense por mantener la unidad». Pablo no dice que sea fácil, porque a veces en la iglesia pueden surgir diferencias entre las personas, pero no queda duda de que nuestro llamado como cristianos es promover la paz y la unidad de la iglesia.

Más adelante, en el mismo capítulo, se establece el objetivo de la unidad cristiana. Pablo dice que Dios constituyó cargos o funciones en

---

24. John Stott, *Cristianismo básico*, p. 217.

la iglesia «a fin de perfeccionar a los santos para la obra del ministerio, para la edificación del cuerpo de Cristo, hasta que todos lleguemos a estar unidos por la fe y el conocimiento del Hijo de Dios; hasta que lleguemos a ser un hombre perfecto, a la medida de la estatura de la plenitud de Cristo» (Ef 4:12-13). Esa unidad de los cristianos se propone llevarnos a la perfección que Dios quiere lograr en nuestra vida, cuando lleguemos a comprender la plenitud de Cristo y vivirla diariamente. No es un invento nuestro. La Biblia dice que Dios quiere perfeccionarnos, y que uno de los medios que usará para lograrlo es la iglesia misma.

La participación en la vida de la iglesia

Como hemos dicho anteriormente, la iglesia está compuesta de cristianos que deciden vivir su fe en comunidad, llevando a cabo la comisión que Dios les encarga de alumbrar al mundo. Cuando hablamos de iglesia, no nos referimos especialmente a un edificio, templo o institución, sino más bien a las personas que son parte de ella. Sin embargo, para cumplir bien el mandato de Dios, también es necesario que la iglesia esté bien organizada y funcione adecuadamente como una institución.

En el libro de los Hechos, la iglesia primitiva era un movimiento cristiano muy orgánico y misionero. Pero ya en esa temprana edad se puede evidenciar cierta estructura institucional que se proponía mantener el orden de la iglesia, enviar misioneros, formar a los líderes, evaluar la sana doctrina de los predicadores, atender a las viudas y los pobres, supervisar las iglesias nacientes y otras funciones similares. El Nuevo Testamento no habla en contra de la institución de la iglesia, pero siempre debemos cuidar que la institución no se vuelva centrípeta, olvidándose de su rol más importante: ser luz en el mundo, compartiendo el evangelio de Jesucristo.

La membresía en la iglesia

Una de las maneras de demostrarle a la sociedad que pertenecemos a una familia de sangre o por adopción es exhibir algún documento público que indique que nuestro vínculo está inscrito en el Registro Civil. Pero además de los vínculos familiares, podemos recibir en nuestra casa a cualquier persona como visita. Incluso podemos hospedar a alguien que se quede a vivir por un tiempo en nuestro hogar. Pero todos sabemos quiénes son miembros de la familia y quiénes son visitas. Una de las diferencias importantes entre los miembros de la familia y las visitas es la responsabilidad en la toma de decisiones en el hogar.

Si bien no es lo mismo, esta ilustración nos permite reflexionar que en la iglesia como institución ocurre algo similar. La iglesia siempre debe estar abierta a recibir a cualquier persona que quiera participar de las actividades que se lleven a cabo y que necesite recibir atención espiritual. Sin embargo, al momento de tomar decisiones, es importante que la congregación identifique a aquellos que han tomado un compromiso formal de responsabilidad por la vida de la iglesia. Nadie puede ser presionado ni obligado a tomar esta responsabilidad. Cualquier persona puede sentirse cómoda siendo una visita por siempre. Sin embargo, cuando un cristiano está creciendo en su fe, entendiendo la importancia que Dios concede a la participación en una congregación, comprometiéndose a alumbrar al mundo en el servicio a otros y logrando integrarse de tal manera que se siente parte de esa familia de la fe, no debería haber ningún impedimento para que esa persona afiance su identificación y participación en esa comunidad de fe haciéndose miembro de la iglesia.

Cuando un cristiano es recibido como miembro de una iglesia, ocurren dos compromisos simultáneos. El cristiano se compromete a participar fielmente de la vida de la iglesia, colaborando con sus dones, sus recursos y su servicio a otros, y promoviendo la pureza, la unidad y la paz de la iglesia. A su vez, la iglesia se compromete a pastorear a esa persona, instruirla en la Palabra de Dios, acompañarla en las distintas etapas de su vida, cuidarla y bendecirla.

| **Tiempo de diálogo** |

¿Cuán integrado te sientes en la vida de la iglesia?

¿Hay algo que esté obstaculizando tu participación activa en la iglesia?

¿Qué podrías hacer para estar más conectado con la familia de la fe?

Desafío contracultural: el amor al enemigo

El llamado de la fe es aún más profundo. La Biblia nos sorprende una y otra vez, y cuando ya pensamos que hemos obedecido bastante las enseñanzas de Jesús, el evangelio vuelve a desafiarnos. Porque el amor que el evangelio nos propone es absolutamente radical. No se limita solamente a amar a nuestra familia, amar a los que son como nosotros, ni siquiera a amar a quienes son diferentes. El llamado radical es amar incluso a nuestros enemigos.

Esta es una de las enseñanzas más profundas de Jesús en el Sermón del Monte:

> [43]Ustedes han oído que fue dicho: «Amarás a tu prójimo, y odiarás a tu enemigo». [44]Pero yo les digo: Amen a sus enemigos, bendigan a los que los maldicen, hagan bien a los que los odian, y oren por quienes los persiguen, [45]para que sean ustedes hijos de su Padre que está en los cielos, que hace salir su sol sobre malos y buenos, y que hace llover sobre justos e injustos. [46]Porque si ustedes aman solamente a quienes los aman, ¿qué recompensa tendrán? ¿Acaso no hacen lo mismo los cobradores de impuestos? [47]Y si ustedes saludan solamente a sus hermanos, ¿qué hacen de más? ¿Acaso no hacen lo mismo los paganos? [48]Por lo tanto, sean ustedes perfectos, como su Padre que está en los cielos es perfecto (Mt 5:43-48).

Este desafío definitivamente rompe con todas las estructuras sociales conocidas y las comodidades que pretendemos en nuestra vida cristiana. El amor a los enemigos representa, tal vez, el desafío más difícil de obedecer... especialmente si pretendemos hacerlo de corazón. Porque el mandamiento no incluye solamente tratar bien al enemigo, posiblemente mediante una actitud externa forzada, disimulando lo que sentimos por dentro. Jesús nos manda a amar al enemigo, de manera que las actitudes externas reflejen la transformación que el Espíritu Santo produjo en nuestro interior.

Este mandamiento también desafía la lógica. La enseñanza de la tradición que menciona Jesús («Amarás a tu prójimo, y odiarás a tu enemigo») suena bastante razonable. Pero Jesús no nos deja en el lugar cómodo de las mayorías, sino que nos anima a dar un paso más. Cuando escuchamos la enseñanza de Jesús que nos dice: «Amarás a tu prójimo como a ti mismo», rápidamente pensamos en un prójimo cercano. Tal vez nos viene a la mente alguien de la familia que necesita atención, un amigo o colega que precisa ayuda. Difícilmente consideremos prójimo a un enemigo, ya que justamente un enemigo es alguien que queremos tener lo más lejos posible. Es decir, no queremos un enemigo como nuestro prójimo. Pero en el vocabulario de Dios, la palabra prójimo incluye a nuestros enemigos, a aquellos que nos tratan mal y a quienes nos desean el mal.

Alguno podría preguntar: «¿No será suficiente con refrenarnos de vengarnos o evitar confrontar a nuestros enemigos?». La respuesta de Jesús es categórica: No... el amor al enemigo, al igual que el amor a todo otro prójimo, incluye no solo una definición teórica, no solo una pasividad que evita problemas, sino especialmente una actitud proactiva de demostrar ese amor verdadero con hechos, palabras y oraciones. De esta forma se profundiza el concepto de que el amor no es tanto un sentimiento, sino una decisión de hacerle bien a otra persona. No se trata tanto de «sentir amor» hacia una persona, sino de «obrar con amor». Cuando alguien nos ha lastimado, tal vez nos cueste evitar el hecho de sentir enfado o resentimiento, pero el amor de Dios nos ayudará a no buscar venganza, sino obrar con misericordia.

Para quien piense que esto es imposible, Jesús termina su exposición con un resumen desafiante: «Sean ustedes perfectos, como su Padre que está en los cielos es perfecto». Esta última frase nos pone la vara muy alta, pero también nos provee un ejemplo a seguir. Jesús nos plantea que, si queremos ser sus seguidores, necesitamos permitir que el Espíritu Santo obre en nosotros para hacernos cada vez más parecidos a él.

Si hay algo que nos cuesta entender de la obra de Dios en el mundo es justamente que él amó a sus enemigos. En Romanos 5:6-8, Pablo nos muestra un ejemplo del amor a los enemigos: «A su debido tiempo, cuando aún éramos débiles, Cristo murió por los pecadores. Es difícil que alguien muera por un justo, aunque tal vez haya quien se atreva a morir por una persona buena. Pero Dios muestra su amor por nosotros en que, cuando aún éramos pecadores, Cristo murió por nosotros». Es maravilloso pensar en la misericordia de Dios. El mensaje del evangelio no es que intentemos acercarnos a Dios como amigos para que después la muerte de Jesús en la cruz obtenga nuestro perdón y nos conceda la salvación. En absoluto.

El mensaje es exactamente el opuesto. Dios envió a su Hijo a morir por nosotros para reconciliarnos y para que podamos dejar nuestra enemistad contra él. Enseguida, Pablo vuelve a reforzar la idea: «Porque, si cuando éramos enemigos de Dios fuimos reconciliados con él mediante la muerte de su Hijo, mucho más ahora, que estamos reconciliados, seremos salvados por su vida» (Ro 5:10). Si Jesús se dio a sí mismo por sus enemigos, ahora es nuestro turno como seguidores suyos.

Entonces, ¿qué es concretamente lo que debemos hacer? La enseñanza de Jesús hace referencia a dos actitudes no satisfactorias y una desafiante. La primera actitud puede reducirse a hacerle bien a los que te hacen bien. Si me tratas bien, te trataré bien. Lo resumimos con la frase: «Devolver bien por bien». La segunda actitud implica odiar al enemigo, es decir que tienes permiso para tratar mal a los que te tratan mal. Esta postura se resume así: «Devolver mal por mal». Jesús no se satisface con ninguna de esas actitudes, sino que enseña a sus seguidores a poner en práctica la actitud más desafiante: «Devolver bien por mal». Esta es la única forma de vivir el amor perfecto de Dios.

El apóstol Pablo en Romanos 12:9-21 escribió de manera magistral consejos prácticos para poner en práctica el amor al prójimo, incluyendo a los enemigos. Busquemos algunas ideas para poner en práctica nosotros:

⁹Nuestro amor debe ser sincero. Aborrezcamos lo malo y sigamos lo bueno. ¹⁰Amémonos unos a otros con amor fraternal; respetemos y mostremos deferencia hacia los demás. ¹¹Si algo demanda diligencia, no seamos perezosos; sirvamos al Señor con espíritu ferviente. ¹²Gocémonos en la esperanza, soportemos el sufrimiento, seamos constantes en la oración. ¹³Ayudemos a los hermanos necesitados. Practiquemos la hospitalidad.

¹⁴Bendigamos a los que nos persiguen; bendigamos y no maldigamos. ¹⁵Gocémonos con los que se gozan y lloremos con los que lloran. ¹⁶Vivamos como si fuéramos uno solo. No seamos altivos, sino juntémonos con los humildes. No debemos creernos más sabios que los demás. ¹⁷No paguemos a nadie mal por mal. Procuremos hacer lo bueno a los ojos de todo el mundo. ¹⁸Si es posible, y en cuanto dependa de nosotros, vivamos en paz con

todos. ¹⁹No busquemos vengarnos, amados míos. Mejor dejemos que actúe la ira de Dios, porque está escrito: «Mía es la venganza, yo pagaré, dice el Señor». ²⁰Por lo tanto, si nuestro enemigo tiene hambre, démosle de comer; si tiene sed, démosle de beber. Si así lo hacemos, haremos que éste se avergüence de su conducta. ²¹No permitamos que nos venza el mal. Es mejor vencer al mal con el bien.

| Preguntas para reflexión personal |

¿Tienes en mente a alguien que te haya hecho daño?

| Tiempo de diálogo |

¿De qué maneras concretas podemos poner en práctica el amor hacia las personas que nos han ofendido?

Conclusión y próximo desafío

Hemos concluido la Fase 3 del Plan de Crecimiento en la Fe. ¡Felicitaciones!

Que tu camino como discípulo no termine aquí. Ahora te animamos a seguir creciendo como un discípulo de Cristo con la última fase:

☐ **Fase 4: Alumbrar al mundo:** Mateo 5:14.

Para terminar, te animamos a participar de un encuentro con otras personas que también hayan concluido esta fase del discipulado. Así podrás compartir tu experiencia y escuchar la experiencia de otros, mientras todos buscamos ser cada vez más como Jesús.

PLAN DE CRECIMIENTO EN LA FE - FASE 3: AMAR AL PRÓJIMO

Preguntas de repaso

1) En el capítulo 11 reflexionamos sobre el perdón y el amor de Dios como motor de nuestro llamado a perdonar y amar a nuestro prójimo. ¿Hay algo que te está costando perdonar en este momento? ¿Hay alguien a quien debas pedir perdón por algo? ¿Qué pasos concretos puedes dar para mostrar el amor de Dios a las personas que te rodean?

2) En el capítulo 12 conversamos acerca de las relaciones de amistad y noviazgo desde la perspectiva de Dios. ¿Qué lugar le damos a Dios en nuestras amistades o en nuestro noviazgo? ¿Qué enseñanza de Dios necesito reforzar en estas relaciones?

3) En el capítulo 13 analizamos las enseñanzas de Dios acerca del matrimonio y la familia. ¿Cuáles son nuestras mayores luchas en estos vínculos? ¿Qué lugar ocupa Dios en nuestro matrimonio y nuestra familia?

4) En el capítulo 14 reflexionamos acerca del desafío de amar a todas las culturas y disfrutar de la diversidad que Dios creó. ¿De qué manera nuestra fe puede ser enriquecida mediante la diversidad cultural?

5) Finalmente, dedicamos el último capítulo a reflexionar acerca del amor al prójimo en el ámbito de la iglesia como comunidad de

fe y acerca del desafío contracultural de amar incluso a nuestros enemigos. ¿Hay algo que esté obstaculizando tu participación activa y tu servicio en la vida de la iglesia? ¿Viene a nuestra mente alguien que te haya hecho daño? ¿De qué manera podrías poner en práctica el amor hacia esta persona?

| FASE 4 |

Alumbrar al mundo

«Ustedes son la luz del mundo» (Mt 5:14)

Hemos llegado a la última fase de este plan de crecimiento en la fe. El objetivo de estos encuentros es proveer el espacio para generar conversaciones sinceras y honestas que nos lleven a madurar en la fe e intentar ser los discípulos que Jesús desea que seamos. Podría no ser un camino fácil, pero el Espíritu Santo nos acompaña para que no nos desanimemos y sigamos adelante, con la mirada puesta en la meta final.

Antes de avanzar, recordemos las áreas de nuestra vida en las que este plan quiere desafiarnos para llegar a ser cada vez más como Jesús. Todos los aspectos de la vida están interconectados. Por lo tanto, el crecimiento en la fe debe ser integral, abarcando las siguientes áreas:

   Crecimiento espiritual   Vínculos saludables

   Renovación de la mente   Inteligencia cultural

   Transformación del carácter   Desafío a la acción

En la primera fase hicimos una introducción acerca de quién es Jesús y qué es el evangelio, conversando acerca del llamado a rendir nuestra vida a Dios. También reflexionamos acerca de la importancia de crecer en la fe mediante prácticas espirituales como la oración, la devoción personal y la adoración comunitaria. Luego, enfatizamos que Dios nos une a una familia de fe, buscando que la iglesia sea una comunidad donde nos sintamos integrados y acompañados. Finalmente, vimos una introducción al llamado a alumbrar al mundo, analizando las actitudes necesarias de una persona que desea ser útil en el reino de Dios y reflexionamos acerca de diferentes maneras de servir.

La segunda fase profundizó la reflexión acerca de la adoración a Dios, con base en Marcos 12:30: «Amarás al Señor tu Dios con todo tu corazón, con toda tu alma, con toda tu mente y con todas tus fuerzas». Conversamos acerca del llamado a amar a Dios en todas las áreas de nuestra vida. También entendimos que amar a Dios con todo nuestro ser incluye áreas tales como el cuidado de la salud (ya sea física, mental, emocional, relacional y espiritual), y el llamado a ser buenos mayordomos de todo lo que recibimos de Dios. También analizamos la importancia de luchar contra las tentaciones y esforzarnos por modificar antiguos hábitos que no seguían las enseñanzas de Cristo y permitir que florezca en nuestra vida el fruto del Espíritu Santo.

En la tercera fase nos desafiamos a poner en práctica Marcos 12:31: «Amarás a tu prójimo como a ti mismo». Analizamos cuán importantes son las relaciones interpersonales en nuestro camino de fe… Dios no nos ha llamado a ser llaneros solitarios, sino a vivir nuestra fe junto con las personas que nos rodean. Hablamos acerca del amor a Dios en las amistades, el noviazgo, el matrimonio, y la familia. Finalmente, profundizamos la importancia de aplicar el amor de Dios en las relaciones en un mundo multicultural, en la comunidad de la iglesia e, incluso, en uno de los desafíos más difíciles que nos plantea el evangelio de Jesucristo: el amor a los enemigos.

De esta forma, hasta aquí hemos intentado fortalecer nuestra fe, nuestra relación con Dios y nuestra relación con el prójimo. Pero si todo termina aquí, podría parecer que lo más importante de la vida es estar bien, ser feliz, amar a Dios, tener amigos y ser parte de una linda iglesia.

La Biblia no dice que Dios nos trajo al mundo para que seamos felices, aunque eso es lo que todos anhelamos. El evangelio nos enseña que hay una forma de vida contracultural, que también termina produciendo en nosotros cierto grado de felicidad: alumbrar al mundo, siendo útiles en manos de Dios, cumpliendo su propósito para nuestra vida, y haciendo discípulos de las naciones.

Jesús, el Hijo de Dios, aquel que más honra merecía, enseñó lo siguiente a sus discípulos: «Ni siquiera el Hijo del Hombre vino para ser servido, sino para servir y para dar su vida en rescate por muchos» (Mr 10:45). Nuestro Creador ha establecido un propósito para la vida de cada uno de nosotros. Ningún cristiano es inservible e inútil. Todos tenemos algo que aportar a la misión de Dios en el mundo. Por tanto, en esta fase, profundizaremos las diferentes formas en que los cristianos podemos alumbrar al mundo y ser útiles en el reino de Dios.

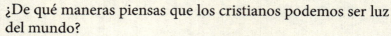

| Tiempo de diálogo |

¿De qué maneras piensas que los cristianos podemos ser luz del mundo?

¿Qué necesidades concretas ves en el lugar donde vives?

| CAPÍTULO 16 |
El mandato cultural

«Nuestra vocación cristiana es esforzarnos para ver el reino de Dios en todas las esferas de la vida».

«El concepto de mandato cultural también incluye el llamado a promover el cuidado del medio ambiente, como parte de la creación de Dios y resulta ser una manera elemental de honrar al Creador».

Cerca del final de su vida, Jesús elevó al Padre esta oración muy especial por sus discípulos y por todos los cristianos de la posteridad:

> ¹⁴Yo les he dado tu palabra, y el mundo los aborreció porque no son del mundo, como tampoco yo soy del mundo. ¹⁵No ruego que los quites del mundo, sino que los protejas del mal. ¹⁶Ellos no son del mundo, como tampoco yo soy del mundo. ¹⁷Santifícalos en tu verdad; tu palabra es verdad. ¹⁸Tal como tú me enviaste al mundo, así yo los he enviado al mundo (Jn 17:14-18).

¿Qué implica ser enviados al mundo? Alguno podría decir: «¡Yo pensé que la salvación era ser enviado al cielo, no al mundo!». Claramente Jesús da a entender que los cristianos tenemos una misión en este mundo. Cuando pensamos en la Gran Comisión, lo primero que viene a nuestra mente es Mateo 28:19: «Vayan y hagan discípulos en todas las naciones, y bautícenlos en el nombre del Padre, y del Hijo, y del Espíritu Santo». Pero ¿qué implica este mandato? ¿Será que sólo somos enviados a compartir la fe para que más personas vengan a la iglesia y sean llevadas al cielo después de su muerte?

Esta gran comisión no es el único pasaje donde Dios nos envía con una misión. Inmediatamente después del relato de la creación, el primer texto bíblico con un mandato, dice así: «Los bendijo Dios con estas palabras: "¡Reprodúzcanse, multiplíquense, y llenen la tierra! ¡Domínenla! ¡Sean los señores de los peces del mar, de las aves de los cielos, y de todos los seres que reptan sobre la tierra!"» (Gn 1:28). A este texto y sus implicaciones se le ha dado el nombre de «mandato cultural». ¿Qué implica este mandato original? ¿Qué es lo primero que pensó Dios al ver su creación?

Este mandato demuestra el propósito original que Dios tenía para el ser humano con respecto a la creación. Dios manda al ser humano a enseñorearse, sojuzgar o dominar su creación, según la traducción que leamos. El Salmo 8:6 también dice que Dios puso al ser humano como supervisor de la creación: «¡Lo has hecho señor de las obras de tus manos! ¡Todo lo has puesto debajo de sus pies!».

«Dios creó al hombre a Su propia imagen y semejanza como Su vice-regente o administrador para gobernar sobre la tierra. Desdichadamente el hombre cayó del propósito para el cual Dios le creó. De este modo, el hombre perdió tanto su íntima relación con Dios como su habilidad para gobernar apropiadamente la tierra. El pecado no solamente separó al hombre de Dios sino que también produjo una maldición y una gran pérdida. El hombre era incapaz de cumplir apropiadamente el mandato cultural»[25].

Pero no todo está perdido. La Biblia continúa relatando la historia de la redención y vemos que Dios siempre tuvo todo bajo control. La serpiente quiso arruinar el plan de Dios, pero no lo logró. El propósito original de Dios no ha fracasado. Dios se hizo hombre en Cristo para derrotar a Satanás, redimir al ser humano y restaurar el mandato original que había sido dado en el principio a Adán y Eva. Por eso, la salvación no incluye sólo restaurar nuestra relación con Dios y llevarnos al cielo, sino también restaurar nuestro rol de colaboradores de Dios para redimir su creación.

---

25. McDowell, Stephen. «Fulfilling the Cultural Mandate». En *Providencial perspective*, Vol. 17, No. 1, enero de 2002.

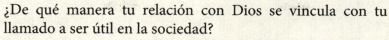

 | Tiempo de diálogo |

¿De qué manera tu relación con Dios se vincula con tu llamado a ser útil en la sociedad?

¿Qué viene a tu mente al leer que podrías ser un «colaborador de Dios»?

 ¿Qué emociones o actitudes te surgen al pensar en ser útil en manos de Dios?

El mandato cultural en términos concretos

Una manera clara de entender el propósito original de Dios para el ser humano es analizar la vida de Jesús, quien vino a demostrar con su propia existencia el reino de Dios sobre toda la creación. La caída en pecado afectó todas las áreas de la vida del ser humano, incluyendo lo espiritual, lo físico, lo emocional, lo relacional, lo vocacional, y toda otra área que podríamos imaginar. A su vez, Cristo trajo redención para restaurar los mismos aspectos que el pecado arruinó. «Cristo trajo redención a los individuos, pero también a las instituciones y a todas las esferas de la vida (incluyendo la ley, el gobierno, la educación, las artes, los negocios). La redención es tan amplia como el alcance del pecado»[26].

Una de las frases emblemáticas de la oración del Padre Nuestro es: «Venga tu reino. Hágase tu voluntad, en la tierra como en el cielo» (Mt 6:10). Esa es una expresión clara del mandato cultural, manifestando el llamado que Dios nos hace como cristianos. Nuestra vocación cristiana es esforzarnos para ver el reino de Dios en todas las esferas de la vida.

Buscar el bien de la ciudad

Teniendo en cuenta lo que hemos analizado hasta ahora, queda claro que las paredes de la iglesia no son la barrera hasta donde llega la vida de fe del cristiano. Tampoco son el límite hasta donde el cristiano es llamado a servir a Dios. Queda claro que el cristiano es llamado a vivir su fe en todo lugar, y también a ser luz en toda esfera de influencia.

---

26. *Ibid.*

En la primera fase mencionamos el tiempo cuando Israel, el pueblo de Dios en el Antiguo Testamento, vivía en el exilio en Babilonia. En ese contexto difícil, en el cual los israelitas esperaban con ansias que se cumpla la promesa de Dios de llevarlos de regreso a su tierra, Dios les dice que, mientras vivan ahí, busquen el bien de la ciudad. En Jeremías 29:4-7, Dios dice:

> [4]Así ha dicho el Señor de los ejércitos y Dios de Israel, a todos los cautivos que permití que fueran llevados de Jerusalén a Babilonia: [5]«Construyan casas, y habítenlas; planten huertos y coman de sus frutos. [6]Cásense, y tengan hijos e hijas; den mujeres a sus hijos, y maridos a sus hijas, para que tengan hijos e hijas; y multiplíquense allá. ¡No se reduzcan en número! [7]Procuren la paz de la ciudad a la que permití que fueran llevados. Rueguen al Señor por ella, porque si ella tiene paz, también tendrán paz ustedes».

| Tiempo de diálogo |

 Mirando la cultura a tu alrededor, ¿qué áreas de la sociedad necesitan la luz de Dios?

 ¿Qué personas a tu alrededor te podrían alentar en el servicio a Dios?

 ¿Qué obstáculos deberías vencer para ser una sana influencia en la sociedad?

Redimir la creación

Un segundo aspecto del mandato cultural no implica solo las áreas que Dios redime en el ser humano, sino también en la creación. El apóstol Pablo combina la redención del ser humano y la redención de la creación en este pasaje:

> [18]No tengo dudas de que las aflicciones del tiempo presente en nada se comparan con la gloria venidera que habrá de revelarse en nosotros. [19]Porque la creación aguarda con gran impaciencia la manifestación de los hijos de Dios. [20]Porque la creación fue sujetada a vanidad, no por su propia voluntad, sino porque así lo dispuso Dios, pero todavía tiene esperanza, [21]pues también la

creación misma será liberada de la esclavitud de corrupción, para así alcanzar la libertad gloriosa de los hijos de Dios. ²²Porque sabemos que toda la creación hasta ahora gime a una, y sufre como si tuviera dolores de parto. ²³Y no sólo ella, sino también nosotros, que tenemos las primicias del Espíritu, gemimos dentro de nosotros mismos mientras esperamos la adopción, la redención de nuestro cuerpo (Ro 8:18-23).

Es por esto que el concepto de mandato cultural también incluye el llamado a promover el cuidado del medio ambiente, como parte de la creación de Dios y resulta ser una manera elemental de honrar al Creador.

De esta manera, sin perder de vista la esperanza de un mundo mejor, Dios llamó a su pueblo a trabajar para ser de influencia en este mundo. Lo mismo ocurre hoy con la iglesia. Así lo expresó el apóstol Pablo:

²¹Para mí el vivir es Cristo, y el morir es ganancia. ²²Pero si el vivir en la carne resulta para mí en beneficio de la obra, no sé entonces qué escoger. ²³Por ambas cosas me encuentro en un dilema, pues tengo el deseo de partir y estar con Cristo, lo cual es muchísimo mejor; ²⁴pero quedarme en la carne es más necesario por causa de ustedes (Fil 1:21-24).

Al igual que Pablo, los cristianos anhelamos ir a estar con Cristo por la eternidad. Pero mientras ese futuro glorioso no llegue, somos llamados a ser sal y luz en esta tierra.

| Tiempo de diálogo |

¿Has participado alguna vez de una iniciativa de protección ambiental?

¿Hay hábitos en tu vida que puedas modificar para cuidar la creación?

Concluyamos este encuentro pidiendo a Dios que nos dé sabiduría y valentía para ser una sana influencia en la sociedad en que vivimos.

CAPÍTULO 17
Servir a Dios en la iglesia

«Aunque la misión principal de los cristianos está enfocada fuera de las paredes de la iglesia, una manera de preparar a la iglesia para llevar a cabo la gran comisión es servir a Dios en la congregación».

«Lo importante, en todo caso, es que cada cristiano reconozca su función en el reino de Dios».

Las personas tenemos muchas maneras de comprometernos con la sociedad de manera individual. Sin embargo, el plan de Dios incluye que los cristianos se reúnan en congregaciones para llevar a cabo juntos en comunidad su gran responsabilidad de alumbrar al mundo. Ahora bien, para que la iglesia lleve a cabo la función que Dios le concedió, es necesario que los cristianos se comprometan con la vida y el ministerio de su congregación.

Entonces, aunque la misión principal de los cristianos está enfocada fuera de las paredes de la iglesia, una manera de preparar a la iglesia para llevar a cabo la gran comisión es servir a Dios en la congregación. La iglesia es la herramienta que Dios eligió para que los cristianos alumbremos al mundo.

La iglesia es la comunidad en la cual los cristianos comparten alegrías y tristezas, amándose y sirviéndose mutuamente. Además, tal como venimos diciendo, la iglesia nos reúne para adorar a Dios, amar al prójimo y alumbrar al mundo. Es por eso que en la iglesia siempre hay muchas maneras en que podemos ser útiles, teniendo en cuenta el propósito específico que Dios diseñó para cada uno de nosotros. Dios tiene tareas para todos, y reparte los dones y talentos necesarios para que cada uno pueda llevar a cabo la función que le es encomendada.

Dones y talentos

Es bueno comenzar esta sección agradeciendo a Dios por los dones y talentos que hemos recibido y pidiéndole que no nos deje en paz hasta que los pongamos a su servicio. Dios regala ciertas aptitudes a todas las personas. Pero este regalo no tiene el objetivo de engrandecernos, llamar la atención, hacernos famosos o simplemente deleitarnos por lo que podemos hacer. Cuando Dios concede un don o un talento, la intención siempre es que podamos usarlo para su gloria con el propósito de edificar su reino.

La unidad de la iglesia ante la diversidad de dones

Cada vez que el Nuevo Testamento menciona los dones que Dios nos da para llevar a cabo la tarea encomendada, se incluye un preámbulo que nos exhorta a mantener la unidad de la iglesia. Al parecer, Dios sabía que los cristianos podríamos utilizar los dones para enaltecernos a nosotros mismos, ejercer poder sobre los demás, y provocar rupturas en la iglesia. Pero la Biblia nos enseña la actitud correcta para ejercer los dones.

En Romanos 12:3-5, el apóstol Pablo comienza diciendo:

> [3] Por la gracia que me es dada, digo a cada uno de ustedes que no tenga más alto concepto de sí que el que debe tener, sino que piense de sí con sensatez, según la medida de fe que Dios repartió a cada uno. [4] Porque así como en un cuerpo hay muchos miembros, y no todos los miembros tienen la misma función, [5] así también nosotros, aunque somos muchos, formamos un solo cuerpo en Cristo, y cada miembro está unido a los demás.

Aquí Pablo comienza animándonos a ejercer humildad en el desempeño de nuestras funciones, procurando promover la unidad de la iglesia más que llamar la atención y ser reconocidos. Pablo utiliza la metáfora del cuerpo humano para subrayar que todos los órganos y miembros del cuerpo son importantes, aunque muy diferentes en varios aspectos. El cuerpo humano depende de que cada órgano lleve a cabo su función, sin extralimitarse ni abandonar su rol.

De esta manera, más allá de las diferentes funciones que pueden existir en la iglesia y los diferentes dones que podemos ejercer cada uno de nosotros, todo lo que se haga debe promover la unidad de la iglesia, y nunca la división. En otro pasaje relevante al tema, Pablo incluye una introducción similar resaltando la importancia de la unidad de la iglesia a pesar de la diversidad de dones:

⁴Hay diversidad de dones, pero el Espíritu es el mismo. ⁵Hay diversidad de ministerios, pero el Señor es el mismo. ⁶Hay diversidad de actividades, pero Dios, que hace todo en todos, es el mismo… ¹²Porque así como el cuerpo es uno solo, y tiene muchos miembros, pero todos ellos, siendo muchos, conforman un solo cuerpo, así también Cristo es uno solo (1Co 12:4-6, 12).

En su carta a los efesios, Pablo también incluye un pasaje acerca de los dones, y no nos llama la atención el hecho de que su preámbulo incluya la exhortación a mantener la unidad de la iglesia:

¹Yo, que estoy preso por causa del Señor, les ruego que vivan como es digno del llamamiento que han recibido, ²y que sean humildes y mansos, y tolerantes y pacientes unos con otros, en amor. ³Procuren mantener la unidad del Espíritu en el vínculo de la paz. ⁴Así como ustedes fueron llamados a una sola esperanza, hay también un cuerpo y un Espíritu, ⁵un Señor, una fe, un bautismo, ⁶y un Dios y Padre de todos, el cual está por encima de todos, actúa por medio de todos, y está en todos. ⁷Pero a cada uno de nosotros se nos ha dado la gracia conforme a la medida del don de Cristo (Ef 4:1-7).

Por tanto, antes de avanzar hacia los diferentes tipos de dones que podemos encontrar en la iglesia y los diferentes tipos de servicio que pueden llevarse a cabo en toda congregación, haremos bien en examinar nuestro corazón para evaluar las motivaciones que nos incentivan a estar activos en la iglesia.

| Pregunta para reflexión personal |

Analizando en lo profundo de tu corazón, ¿cuáles son tus motivaciones para servir a los demás?

¿De qué manera tu relación con Dios afecta tu servicio?

¿Qué concepto has recibido de tu cultura o tu familia con respecto al servicio en la iglesia?

Diferentes tipos de dones

Ahora sí, con la actitud correcta y una sana motivación en nuestro corazón, avancemos a evaluar la diversidad de dones que describe la Biblia en los diferentes pasajes relevantes. En Romanos, Pablo describe los siguientes dones, junto con una explicación acerca de la actitud correspondiente en cada caso:

> [6]Ya que tenemos diferentes dones, según la gracia que nos ha sido dada, si tenemos el don de profecía, usémoslo conforme a la medida de la fe. [7]Si tenemos el don de servicio, sirvamos; si tenemos el don de la enseñanza, enseñemos; [8]si tenemos el don de exhortación, exhortemos; si debemos repartir, hagámoslo con generosidad; si nos toca presidir, hagámoslo con solicitud; si debemos brindar ayuda, hagámoslo con alegría (Ro 12:6-8).

En resumen, podríamos decir que los dones mencionados aquí son: el servicio, la enseñanza, la exhortación, la generosidad, la dirección (con la idea de presidir), y la ayuda a los demás. Sin embargo, este no es un listado exhaustivo, ya que otros pasajes incluyen diferentes listados de dones y maneras de servir. Veamos este otro ejemplo:

> [8]A uno el Espíritu le da palabra de sabiduría; a otro, el mismo Espíritu le da palabra de ciencia; [9]a otro, el mismo Espíritu le da fe; y a otro, dones de sanidades; [10]a otro más, el don de hacer milagros; a otro, el don de profecía; a otro, el don de discernir los espíritus; a otro, el don de diversos géneros de lenguas; y a otro, el don de interpretar lenguas; [11]pero todo esto lo hace uno y el mismo Espíritu, que reparte a cada uno en particular, según su voluntad… [28]En la iglesia Dios ha puesto, en primer lugar, apóstoles, luego profetas, y en tercer lugar, maestros; luego están los que hacen milagros, después los que sanan, los que ayudan, los que administran, y los que tienen don de lenguas (1Co 12:8-11, 28).

Luego, Efesios 4:11 dice: «[Cristo] mismo constituyó a unos, apóstoles; a otros, profetas; a otros, evangelistas; a otros, pastores y maestros». Y 1 Pedro 4:10-11 expresa: «Ponga cada uno al servicio de los demás el don que haya recibido, y sea un buen administrador de la gracia de Dios en sus diferentes manifestaciones. Cuando hable alguno, hágalo ciñéndose a las palabras de Dios; cuando alguno sirva, hágalo según el poder que Dios le haya dado».

Por lo tanto, el hecho de que existan listados diferentes de dones nos indica que las maneras de servir y los talentos que Dios concede para que los cristianos pongamos en práctica son innumerables. Lo importante, en todo caso, es que cada cristiano reconozca su función en el reino de Dios.

Conoce tus dones

Se espera que un cristiano maduro conozca sus dones espirituales y los ponga al servicio del reino de Dios. Ya hemos repasado los principales pasajes de la Biblia que se refieren a los dones y talentos que Dios concede. Nos queda la tarea de reconocer las aptitudes que nos dio Dios a cada uno de nosotros y ponerlas al servicio de Dios y de los demás.

Tal vez alguno piensa que es muy difícil descubrir en qué puede ser útil. En realidad, el mejor consejo que podemos dar es este: pide a Dios que te lo muestre o involúcrate en el ministerio que más te atraiga. Cuando comiences a servir, evalúa cómo te sientes y pide a otras personas que te digan con sinceridad si creen que esa tarea es para ti. Si descubres que no tienes los dones para esa tarea, ya hemos avanzado un casillero… sabiendo que ahí no están tus dones. Y podemos seguir intentando, hasta que descubramos con mayor claridad el lugar que Dios tiene preparado para cada uno de nosotros.

| **Tiempo de diálogo** |

¿Qué piensas acerca de los dones y talentos que Dios te ha dado?

¿De qué manera las personas a tu alrededor confirman o dudan de tus dones?

¿De qué maneras has servido o te animarías a servir a Dios en la iglesia?

| CAPÍTULO 18 |
Compromiso con los más indefensos

«Pablo declara que Dios es el mismo con unos y con otros... no tratará a los ricos de manera especial, ni maltratará a los más pobres. El evangelio es igual para todas las personas».

En la primera fase, ya hemos citado a Stott cuando dijo: «Históricamente la iglesia se ha distinguido por su trabajo a favor de los necesitados y los marginados: los pobres, los hambrientos, los enfermos, los discriminados, los presos, los huérfanos, los refugiados, etc. Todavía hoy en todo el mundo los seguidores de Cristo están tratando de aliviar todo tipo de sufrimientos y miserias. Sin embargo, queda mucho por hacer»[27]. En este capítulo profundizaremos en la importancia de que los cristianos sigamos encontrando maneras de mostrar nuestro compromiso con los que más sufren.

En su primera epístola, el apóstol Juan hace una observación con una dura franqueza: «¿Cómo puede habitar el amor de Dios en aquel que tiene bienes de este mundo y ve a su hermano pasar necesidad, y le cierra su corazón? Hijitos míos, no amemos de palabra ni de lengua, sino de hecho y en verdad» (1Jn 3:17-18). Esta pregunta continúa vigente en todas las épocas. Lamentablemente, la sociedad no ha logrado erradicar la pobreza, y en muchos lugares se ha incrementado notablemente, con

---

27. Stott, p. 219.

un desproporcionado aumento de la diferencia entre ricos y pobres, donde unos anhelan cada vez más y otros tienen cada vez menos.

Alguno dirá rápidamente: «Pero es imposible saciar el hambre de todas las personas que sufren necesidad». Ciertamente, pero Juan no nos habla necesariamente de la pobreza universal, sino particularmente de personas cercanas que pasan necesidad. Hablar de la pobreza podría parecer algo impersonal. Juan se refiere a las personas que están cerca de nosotros y sabemos que pasan necesidad. Muchas veces podemos sentir compasión o incluso lástima, pero si realmente entendimos el amor de Dios, seremos motivados a hacer algo concreto para intentar ayudar al menos a algunos de los muchos que sufren carencias.

Analicemos la vida de los cristianos en el siglo I. En el Nuevo Testamento leemos que la iglesia tenía un gran compromiso, especialmente con las personas necesitadas que pertenecían a la congregación. Por ejemplo, Hechos 4:32-35 describe la vida comunitaria en la iglesia primitiva:

> [32]Todos los que habían creído eran de un mismo sentir y de un mismo pensar. Ninguno reclamaba como suyo nada de lo que poseía, sino que todas las cosas las tenían en común. [33]Y los apóstoles daban un testimonio poderoso de la resurrección del Señor Jesús, y la gracia de Dios sobreabundaba en todos ellos. [34]Y no había entre ellos ningún necesitado, porque todos los que poseían terrenos o casas, los vendían, y el dinero de lo vendido lo llevaban [35]y lo ponían en manos de los apóstoles, y éste era repartido según las necesidades de cada uno.

Algunas personas han asociado estas prácticas con una concepción del socialismo, o incluso del comunismo. Pero más allá de cualquier postura política, la descripción nos refleja una comunidad donde los integrantes se preocupaban unos por otros, y la necesidad del prójimo era más importante que la comodidad o el bienestar propio.

El Nuevo Testamento también nos deja evidencia de que las iglesias en ciudades más desarrolladas ayudaban a los cristianos en ciudades que pasaban mayor necesidad. Por ejemplo, en Romanos 15:26-27, Pablo dice: «Macedonia y Acaya tuvieron a bien hacer una ofrenda para los pobres que hay entre los santos que están en Jerusalén, pues les pareció que era lo correcto». Pero esta idea de ayudar a los más necesitados no aparece solamente en Pablo. De hecho, cuando pidió permiso a los líderes de la iglesia para ir a predicar el evangelio a los no judíos, recibió este encargo: «Solamente nos pidieron que nos acordáramos de los pobres; lo cual también procuré hacer con diligencia» (Gá 2:10). Toda la iglesia primitiva evidenciaba un compromiso hacia los más necesitados.

Hacia el final de uno de sus viajes misioneros, Pablo deja este encargo a la iglesia de Éfeso: «Siempre les enseñé, y ustedes lo aprendieron, que a los necesitados se les ayuda trabajando como he trabajado yo, y recordando las palabras del Señor Jesús, que dijo: "Hay más bendición en dar que en recibir"» (Hch 20:35).

| **Tiempo de diálogo** |

¿Qué actitudes existen en tu cultura frente a los más necesitados?

¿Qué viene a tu mente cuando ves a alguien en situación de calle?

¿Alguna vez has participado en alguna iniciativa solidaria? ¿Cómo ha sido la experiencia?

Las acciones solidarias a lo largo de la historia

Con el paso del tiempo, las iglesias han variado en su enfoque con respecto a la pobreza. Como vimos, la iglesia en los primeros siglos del cristianismo tenía un compromiso serio ayudando a los más necesitados, especialmente entre la comunidad de cristianos.

Con el surgimiento del estado benefactor moderno, en general la sociedad comenzó a exigir que los gobiernos estatales sean los responsables principales de ofrecer la ayuda necesaria a los sectores más desprotegidos, ya no como una obra de caridad sino como su obligación. En ese movimiento, muchos sectores de la iglesia hallaron que su llamado principal no era ayudar a los pobres con bienes materiales, sino solamente a ocuparse de sus almas, predicando el evangelio y ayudando espiritualmente. Entonces, ¿qué se espera de los cristianos y de la iglesia?

En décadas recientes se han desarrollado tres movimientos teológicos relacionados con este tema que vale la pena tener en cuenta para llegar a conclusiones con buena información:

- ☐ Teología de la liberación: A partir de la década de 1960, comenzó a desarrollarse un movimiento autóctono latinoamericano, reaccionando frente a la creciente acumulación de riqueza por parte de las clases altas, incluyendo a dirigentes políticos y eclesiásticos. Uno de los valores rescatados por la teología de la liberación fue lo que se denominó «la opción preferencial por los pobres», que resalta la enseñanza bíblica de que los oprimidos y necesitados ocupan un lugar especial en el corazón de Dios. Con el correr de los años este movimiento halló diferentes expresiones, algunas de ellas involucrándose en política, otras relacionándose con movimientos socialistas y comunistas, lo cual muchas veces generó un gran rechazo. Dejando de lado algunas de estas posturas extremistas, haríamos bien en enfocarnos en rescatar su ímpetu inicial imitando el amor y el cuidado de Dios por los más necesitados.

- ☐ Misión integral: Aproximadamente en la década de 1990 surge este concepto proponiendo que el evangelio está dirigido a toda la realidad de la persona: lo físico, lo espiritual, lo social; es decir, a la totalidad integral de la vida. Esta propuesta surge como respuesta a ciertos movimientos que sólo pretendían predicar el evangelio dirigido al alma de las personas, pero también como interpelación a quienes promovían la acción social para satisfacer las necesidades físicas de las personas, sin predicar el evangelio.

- ☐ Teología de la prosperidad: Esta es una corriente teológica que ha afectado mucho a la iglesia, predicando que Dios siempre bendecirá a los cristianos con prosperidad material, especialmente cuando hacen grandes ofrendas a la iglesia. Entonces, en lugar de ayudar a los más necesitados, se los motiva a dar a la iglesia el dinero que puedan tener, esperando que Dios los ayude salir de la pobreza. Ahora bien, es verdad que «Dios ama a quien da con alegría» (2Co 9:7), pero nunca promete que dejaremos de pasar necesidad. La teología de la prosperidad ha hecho mucho daño al mensaje del evangelio, engañando a creyentes sinceros y causando confusión en personas no creyentes.

Nos parece importante tener una comprensión básica de estos movimientos para llegar a un entendimiento bíblico claro. La Biblia habla mucho acerca de la pobreza material y espiritual, la necesidad de satisfacer las carencias elementales para la vida y la importancia del evangelio para suplir la necesidad espiritual de todo ser humano que está alejado de Dios.

| Tiempo de diálogo |

¿Qué reflexión te merecen las diferentes posturas que hemos mencionado? ¿Qué experiencias has oído de alguno de estos tres movimientos?

¿Cuáles de estas posturas permean más tu entorno cultural?

¿Y yo qué puedo hacer?

En la práctica, hay múltiples maneras de comprometernos con los más necesitados. Aunque entendemos que todos los cristianos tenemos el compromiso de hacer algo frente a esta problemática social, cada uno lo hará teniendo en cuenta sus dones, su personalidad, sus capacidades y su disponibilidad. Por ejemplo, algunas personas se involucran en carreras y vocaciones que trabajan directamente con los sectores más desfavorecidos: asistentes sociales, docentes, políticos. Otros cristianos tal vez prefieren sumarse a iniciativas solidarias promovidas por diferentes iglesias u organismos no gubernamentales. Hay quienes optan por ayudar directamente a personas específicas de sus vecindarios y otros que deciden apoyar diferentes propuestas solidarias con dinero.

Además, también existen distintos enfoques desde donde comprometerse a ayudar, dependiendo de la situación que vivan los más desprotegidos en los diferentes contextos. Las necesidades podrían ser: alimentación, vivienda, ropa, educación, desarrollo infantil, salud, etc. En otros contextos, es mejor concentrarse en el esfuerzo por crear fuentes de trabajo y ayudar a los más necesitados a insertarse en el mercado laboral. Todas estas son iniciativas válidas, y cada cristiano es llamado a discernir cuál puede ser su mejor aporte.

¡Cuidado: tentación a la vista!

Antes de finalizar esta reflexión acerca de la ayuda a los más necesitados, es necesario detenernos para evitar una posición que puede ser muy dañina tanto para quien brinda ayuda como para quien la recibe. Con frecuencia existe una tendencia, muchas veces involuntaria, de pensar que aquel que está ayudando a otra persona tiene un nivel superior, y quien recibe ayuda es inferior. Por eso se habla de conceptos tan confusos como «clase alta» y «clase baja». Esto afecta mucho la manera de dar y de recibir. Si caemos en esta tentación, nos haremos daño a nosotros mismos, dañaremos a quien estamos intentando ayudar y, ciertamente, no estaremos viviendo según los valores de humildad e igualdad enseñados en la Biblia.

Quien se considera ser de un nivel superior por ayudar a los que están más necesitados, cae en lo que puede llamarse «complejo de creerse Dios». Este sentimiento de superioridad produce a su vez un sentimiento de inferioridad en la persona que recibe ayuda. La Biblia declara que todos los seres humanos somos iguales ante Dios. Aquí es donde la fe y el evangelio nos pueden ayudar a que nuestra ayuda a los más necesitados no sea sólo una manera de responder a su necesidad material, sino también una forma de valorarlos como personas en su identidad y hacer que se sientan valorados.

El evangelio nos hace iguales. En su carta a los efesios, el apóstol Pablo se refiere a la relación entre amos y esclavos. En esa época todavía persistía el concepto muy arraigado de que los amos eran superiores a sus esclavos. Es más, algunos llegaban a tratar a los esclavos como objetos que no tenían alma ni sentimientos. Pero la Biblia exige respeto, aún por los esclavos. Aun a las personas más rechazadas y despreciadas por la sociedad, Dios las trata como uno más. Efesios 6:9 dice: «Ustedes, los amos, hagan lo mismo con sus siervos. Ya no los amenacen. Como saben, el Señor de ellos y de ustedes está en los cielos, y él no hace acepción de personas». Pablo declara que Dios es el mismo con unos y con otros… no tratará a los ricos de manera especial, ni maltratará a los más pobres. El evangelio es igual para todas las personas.

En el Apocalipsis, Jesús envía este mensaje en la carta a la iglesia de Laodicea: «Tú dices: "Yo soy rico; he llegado a tener muchas riquezas. No carezco de nada". Pero no sabes que eres un desventurado, un miserable, y que estás pobre, ciego y desnudo. Para que seas realmente rico, yo te aconsejo que compres de mí oro refinado en el fuego, y vestiduras blancas, para que te vistas y no se descubra la vergüenza de tu desnudez» (Ap 3:17-18). ¿Qué estaba pasando aquí? Es posible que las personas de esa iglesia se consideraran ricas y no tuvieran ninguna necesidad material. Pero Jesús les dice que son pobres, ciegos y que están desnudos. ¿Cómo puede ser? Claramente el pasaje se está refiriendo a la pobreza espiritual, que sólo encuentra respuesta satisfactoria en la cruz de Jesucristo, cuya redención obra de igual manera en ricos y pobres.

Las personas que ayudan al prójimo y aquellos que necesitan recibir ayuda se ponen en la misma situación cuando comprenden su absoluta necesidad de Cristo. En este sentido, todos los seres humanos somos necesitados. El mensaje de la cruz nos permite decir: «Tú no estás bien y necesitas ayuda. Yo tampoco estoy bien y también necesito ayuda. Jesús nos puede ayudar a ambos». De esta manera rompemos con la dicotomía entre ricos y pobres, superiores e inferiores, clase alta y clase baja. La necesidad espiritual nos iguala, y esa comprensión logra que la interacción impulse una nueva dimensión de ayuda social, promoviendo la relación personal, el sentido de dignidad, la integración social y el fortalecimiento de la autoestima. Allí es donde se evidencia el amor de Dios, no solo en dar un alimento o una ropa, sino en tratar a todas las personas como prójimos e iguales.

| Tiempo de diálogo |

¿De qué manera podría bendecirme generar vínculos con personas de diferentes clases sociales?

¿Qué pasos de acción podríamos dar como respuesta a este capítulo?

| CAPÍTULO 19 |
Fe, trabajo y sociedad

«El gran avance del secularismo en la sociedad occidental ha insistido en que la fe pertenece solamente al ámbito de lo privado, y que no debería influir en la vida pública del creyente... Pero la Biblia nos dice justamente lo contrario».

«La fe no es un accesorio de fin de semana, sino parte integral de la vida y de nuestro existir».

«El trabajo es una bendición que Dios nos concede y una oportunidad, no solo para obtener un salario y sostener a nuestra familia, sino también para hacer bien a la humanidad... Entendido desde el punto de vista de la fe, el trabajo es un acto de adoración a Dios y un acto de amor al prójimo».

Hasta aquí hemos reflexionado acerca de dos áreas de desafío que resultan bastante comunes: servir a Dios en la iglesia y comprometernos en acciones solidarias para ayudar a los más necesitados. La mayoría de los cristianos ven estos dos desafíos como una parte bastante central de su vida de fe.

El gran avance del secularismo en la sociedad occidental ha insistido en que la fe pertenece solamente al ámbito de lo privado, y que no debería influir en la vida pública del creyente. El secularismo plantea algo así: «Está bien que cada uno crea lo que piensa que es verdad y haga lo que quiera con sus creencias personales, siempre y cuando lo haga en privado». Pero la Biblia nos dice justamente lo contrario. La vida de fe se fortalece en la intimidad personal con Dios, pero es puesta a prueba cuando se aplica a las circunstancias generales de la vida.

En el Sermón del monte, Jesús enseñó lo siguiente: «Ustedes son la luz del mundo. Una ciudad asentada sobre un monte no se puede esconder. Tampoco se enciende una lámpara y se pone debajo de un cajón, sino sobre el candelero, para que alumbre a todos los que están en casa. De la misma manera, que la luz de ustedes alumbre delante de todos, para que todos vean sus buenas obras y glorifiquen a su Padre, que está en los cielos» (Mt 5:14-16). No tiene sentido esconder la fe. Al contrario, Dios nos anima a demostrar nuestra fe aun cuando hacerlo pueda acarrear peligros inminentes. Por eso, una de las mayores formas de alumbrar al mundo es poner en práctica nuestra fe en todos los ámbitos de nuestra vida.

En este capítulo analizamos un área incluida en el mandato cultural, pero que muchas veces se ha descuidado. La vida del cristiano no debe quedar encerrada en el servicio en la iglesia y en la ayuda a los más necesitados. En realidad, como lo hemos visto en las diferentes fases, aplicar la fe en todas las áreas de la vida incluye el trabajo y la participación en la sociedad.

Si no incluimos estas áreas, podríamos caer en la tentación de pensar que la fe se vive solo los domingos. Lamentablemente muchas veces los cristianos vivimos la fe solamente cuando vamos a la iglesia, y el resto de los días, en el mejor de los casos, intentamos ser buenas personas donde sea que nos movamos, disimulando muy bien nuestra vida de domingo. Muchas veces nos cuesta ver que Dios nos llama a alumbrar al mundo con nuestra fe en el contexto laboral y siendo parte activa de la sociedad donde vivimos.

El cristiano y el trabajo

Una de las características de un discípulo maduro de Jesús es que puede articular su fe en sus actividades y vocaciones promoviendo el reino de Dios fuera del ámbito eclesial. Ya se ha dicho que la fe no es un accesorio de fin de semana, sino una parte esencial de la vida y de nuestro existir. Pero también es cierto que muchas veces relegamos la fe cuando vamos al ámbito laboral porque «durante la semana no tengo tiempo». Con resignación decimos: «El fin de semana tendremos más tiempo para Dios y la iglesia». Así que, aunque no lo digamos oficialmente, nos cuesta encontrar la manera de armonizar a Dios con nuestros días laborales ajetreados.

Algo interesante en la actualidad es que encontramos dos posturas muy distantes y contradictorias acerca del trabajo. Hay quienes detestan el trabajo y otros para quienes el trabajo resulta ser una adicción. Muchas personas viven quejándose por tener que trabajar y sueñan con el día en que dejen de hacerlo. Otras personas aman tanto el trabajo que pierden la noción del tiempo, olvidan la importancia del descanso y relegan a sus familias y amistades con tal de dedicar más tiempo a su trabajo. Pero ¿dónde nos ubicamos como cristianos en medio de estos extremos negativos? ¿Hay una forma sana de concebir el trabajo? ¿Qué dice la Biblia al respecto?

Muchas veces escuchamos a personas decir que el trabajo es una maldición, ya que Génesis 3:17-19 dice: «Puesto que accediste a lo que te dijo tu mujer, y comiste del árbol de que te ordené que no comieras, maldita será la tierra por tu causa; con dolor comerás de ella todos los días de tu vida. Te producirá espinos y cardos, y comerás hierbas del campo. Comerás el pan con el sudor de tu frente, hasta que vuelvas a la tierra, pues de ella fuiste tomado; porque polvo eres, y al polvo volverás».

Sin embargo, si examinamos bien este pasaje, nos daremos cuenta de que la enseñanza es otra. Lo primero que podemos mencionar es que antes de la caída en pecado de Adán y Eva ya existía el trabajo. Génesis 2:15 dice claramente: «Dios el Señor tomó al hombre y lo puso en el huerto de Edén, para que lo cultivara y lo cuidara». Además, la Biblia describe a Dios como alguien que trabaja. En Juan 5:17 Jesús dice: «Hasta ahora mi Padre trabaja, y yo también trabajo». Muchas personas consideran que la vida perfecta es la vida sin trabajo. Pero antes de la aparición del pecado, cuando la vida era verdaderamente perfecta, Adán y Eva trabajaban.

Entonces, lo primero que debemos concluir no es que el pecado haya sido la causa del trabajo, sino que el pecado arruinó nuestro trabajo agregándole esfuerzo y sudor. La tierra fue maldecida por causa del pecado y espera ser librada de esa maldición en la vida venidera. Por lo tanto, también podemos interpretar que en la vida celestial y eterna igualmente trabajaremos, aunque sin esfuerzo agotador ni sudor.

Ahora bien, si el trabajo es creación de Dios, y Dios no lo creó para maldecirnos, entonces concluimos que el trabajo es una bendición. Pero lamentablemente muchos cristianos terminan pensando que la única bendición del trabajo es el salario a fin de mes. Esto no es lo que enseña la Biblia. En 2 Tesalonicenses, Pablo exhorta a los cristianos a continuar trabajando, aun si pensaban que el mundo estaba por terminar. Pablo llega a decir: «Si alguno no quiere trabajar, que tampoco coma» (2Ts 3:10).

El problema era claramente que algunos holgazanes se negaban a trabajar. Pero al parecer el problema no era solamente que no tenían para comer y pedían comida a los demás, sino que su egoísmo les impedía utilizar sus dones y talentos para promover el bienestar social. Al final de ese pasaje, Pablo concluye: «A tales personas les ordenamos y exhortamos, por nuestro Señor Jesucristo, que simplemente se pongan a trabajar y se ganen su propio pan. Y ustedes, hermanos, no se cansen de hacer el bien» (2Ts 3:12-13). La conclusión de Pablo no fue solo que trabajaran para ganar su salario, sino para hacer el bien. En la misma línea de pensamiento, en Efesios 4:28 Pablo agrega otra motivación para trabajar: «El que antes robaba, que no vuelva a robar; al contrario, que trabaje y use sus manos para el bien, a fin de que pueda compartir algo con quien tenga alguna necesidad».

Entonces, hasta aquí hemos visto que el trabajo es una bendición que Dios nos concede y una oportunidad, no solo para obtener un salario y sostener a nuestra familia, sino también para hacer bien a la humanidad.

Pero, además, la Biblia nos anima a trabajar no solo para nuestros jefes terrenales, sino para Dios mismo. Usando la analogía de los esclavos y los amos, Pablo dice: «Ustedes los siervos, obedezcan en todo a sus amos terrenales, no sólo cuando los ven, como si quisieran agradar a sus semejantes, sino con sinceridad de corazón, por temor a Dios. Y todo lo que hagan, háganlo de corazón, como para el Señor y no como para la gente, porque ya saben que el Señor les dará la herencia como recompensa, pues ustedes sirven a Cristo el Señor» (Co 3:22-24). Esto implica que el trabajo es un llamado de Dios y una oportunidad de servir a Cristo. Para el cristiano, el trabajo no es un accesorio a su fe, sino una forma de agradar a su Dios.

El trabajo es el propósito de Dios para nuestra vida y es una forma en que podemos ser útiles para la humanidad que nos rodea, aportando nuestro esfuerzo para que el mundo sea un mejor lugar. El trabajo no debe ser medido por cuánto dinero ganamos, sino por la manera en que cumplimos el propósito de Dios sirviendo a la humanidad. Entendido desde el punto de vista de la fe, el trabajo es un acto de adoración a Dios y un acto de amor al prójimo.

¿Qué significa trabajar para Dios?

En Efesios 6:7, el apóstol Pablo dice: «Cuando sirvan, háganlo de buena gana, como quien sirve al Señor y no a los hombres». ¿Podríamos aplicar este principio a cualquier trabajo? Pablo lo incluye en la sección donde se refiere a los esclavos y su relación con sus amos. Les dice que su verdadero jefe es Dios. La enseñanza teórica es interesante, ¿pero cómo podemos aplicar esta verdad en trabajos donde tenemos un jefe humano?

Algunas veces, al reflexionar acerca del llamado cristiano, podemos caer en la tentación de concluir que el trabajo por excelencia de todo cristiano es ser pastor o misionero. Tal como hemos visto en la sección que se refiere a los dones, Dios ciertamente llama a algunas personas a ser pastores y misioneros. Pero en ninguna parte de la Biblia se implica que los demás cristianos solo trabajan para poder solventar económicamente la vida de la iglesia y las misiones. Dios nos llama a cada uno de nosotros a servirlo a través de nuestra vocación.

El autor Wilbur Madera lo expresa bien de este modo:

«No importa cuál sea tu ocupación (lícita, por supuesto), si cambias tuberías o reparas computadoras, si cambias pañales o vendes artículos, si enseñas a niños o recoges basura, si diriges al personal de una empresa o lavas y planchas, cuando trabajas puedes glorificar a Dios con lo que haces. Más allá del salario, de lo popular de tu trabajo, de lo monótono y cansador que pueda ser, recuerda: Eres siervo de Cristo. Estás adorando a Dios al trabajar»[28].

Con este concepto en mente, podemos analizar toda ocupación lícita y descubrir la manera en que un cristiano puede honrar a Cristo. Un abogado honra a Dios cuando aboga por la justicia verdadera, sin torcer la ley humana ni olvidar la Ley de Dios. Un artista trabaja para reflejar la belleza de Dios en sus obras y alegrar la vida cotidiana de sus clientes. Un comerciante se especializa en poner al alcance de la gente productos y servicios que bendigan sus vidas. Un hombre o mujer que trabaja en casa honra a Dios procurando criar bien a sus hijos y manteniendo el hogar

---

28. Wilbur Madera, https://logoi.org/es/resource/el-trabajo-un-enfoque-biblico/?___store=es, acceso el 13 de diciembre, 2018.

en funcionamiento. Un empleado de limpieza en una ciudad honra a Dios cuidando la naturaleza, preservando la belleza de la ciudad y previniendo accidentes de los ciudadanos. Las vocaciones en el área de la medicina honran a Dios atendiendo a los enfermos y promoviendo el cuidado del cuerpo que Dios nos ha dado. El listado podría seguir, pero lo importante es tener algunos ejemplos para luego descubrir la mejor manera en que puedes honrar a Dios a través de tu vocación y tu trabajo.

| **Tiempo de diálogo** |

¿Qué concepto del trabajo existe generalmente en tu entorno cultural?

¿Qué actitud sueles tener con respecto al trabajo?

¿De qué manera concreta tu trabajo es un acto de adoración a Dios?

¿De qué manera concreta tu trabajo es un acto de amor al prójimo?

El cristiano y su participación en la sociedad

El trabajo es una forma en que las personas participamos en la sociedad. Pero también podemos ser útiles en la sociedad de otras maneras… ¿o será que tenemos que esconder nuestra fe, nuestras convicciones y pasar desapercibidos? ¿Qué postura tomamos como cristianos en cuanto a nuestra participación en la ciudad donde vivimos?

En primera instancia podría interpretarse que los cristianos no pertenecemos a ninguna nación terrenal. En Efesios 2:19, Pablo nos dice: «Ustedes ya no son extranjeros ni advenedizos, sino conciudadanos de los santos y miembros de la familia de Dios». Podría parecer que ser conciudadanos de los santos y miembros de la familia de Dios reemplaza la ciudadanía terrenal. Hebreos 11:13 también expresa que somos «extranjeros y peregrinos en esta tierra». Sin embargo, la Biblia nunca plantea que el cristiano deba aislarse de la sociedad en la que vive y encerrarse en una burbuja. Al contrario, a lo largo de los siglos, muchos cristianos han sido una muy buena influencia en su entorno social.

Romanos 13:1-2 dice: «Todos debemos someternos a las autoridades, pues no hay autoridad que no venga de Dios. Las autoridades que hay han sido establecidas por Dios. Por lo tanto, aquel que se opone a la autoridad, en realidad se opone a lo establecido por Dios, y los que se oponen acarrean condenación sobre ellos mismos». Reflexionando sobre este pasaje, podemos pensar que Dios permite la existencia de los gobiernos estatales, de alguna manera, como agentes de orden para refrenar la influencia del pecado en el mundo.

En el Antiguo Testamento, el pueblo de Israel comenzó con Abraham como una familia, una tribu patriarcal. Luego con Moisés Dios estableció una gran cantidad de leyes para regular la vida del pueblo, transformándose así en una nación teocrática. Dios nombraba a los líderes y Moisés cumplía el rol de profeta, libertador y gobernador. Un tiempo después, Moisés comenzó a organizar al pueblo nombrando líderes en diferentes grupos, asignando también jueces para gobernar.

Pero luego de entrar en la tierra prometida, el pueblo le pidió a Moisés que les asignara «un rey, como lo tienen todas las naciones» (1S 8:5). Disgustado, Dios les advirtió acerca de las consecuencias negativas de esa decisión y le dijo a Samuel: «Atiende todas las peticiones que te haga el pueblo. No te han rechazado a ti, sino a mí, pues no quieren que yo reine sobre ellos… Tú, atiende sus peticiones, pero aclárales todos los inconvenientes, y muéstrales cómo los tratará quien llegue a ser su rey» (1S 8:7, 9).

De alguna manera, este es el comienzo de la tendencia a separar a Dios del poder político. El pueblo de Israel siguió buscando a Dios, pero lo relegó solamente al ámbito de lo espiritual, como si lo espiritual no tuviera influencia en las demás áreas de la vida en sociedad. Aun así, la Biblia siempre enseña que los cristianos debemos respetar la autoridad política. La única excepción que se presenta como válida para desobedecer a la autoridad política es cuando esta nos exige algo que sea contrario a la Palabra de Dios. Solo en ese caso, podríamos decir como los apóstoles cuando les prohibieron predicar el evangelio: «Es necesario obedecer a Dios antes que a los hombres» (Hch 5:29).

Otra enseñanza importante con respecto a la participación del cristiano en la vida política y social se encuentra en Hechos 1 cuando los discípulos le preguntaron al Jesús resucitado: «Señor, ¿vas a devolverle a Israel el reino en este tiempo?» (Hch 1:6). Algunos discípulos esperaban que el Rey Jesús destituyera a las autoridades terrenales e instaurara una nueva forma de gobierno espiritual. Sin embargo, Jesús no hizo eso. En cambio les respondió: «No les toca a ustedes saber el tiempo ni el momento, que son del dominio del Padre. Pero cuando venga sobre ustedes el Espíritu Santo recibirán poder, y serán mis testigos en Jerusalén, en Judea, en Samaria, y hasta lo último de la tierra» (Hch 1:7-8). No les dijo solamente que no se preocuparan por instaurar un reino terrenal, sino que además los envió a participar con lo mejor que podrían aportarle a la sociedad: «Serán mis testigos».

| **Tiempo de diálogo** |

¿Qué oportunidades y peligros piensas que aparecen cuando un cristiano comienza a participar en política?

¿Qué oportunidades se pierden y qué peligros surgen cuando los cristianos se desentienden totalmente de la participación en la sociedad?

¿De qué manera concreta podrías mostrar tu amor a Dios en tu influencia como ciudadano/a?

Terminemos este encuentro agradeciendo a Dios por las oportunidades que nos concede de ser luz en nuestro trabajo y mediante nuestra participación en la sociedad.

| CAPÍTULO 20 |
Compartir la fe y hacer discípulos

«Una de las mejores maneras de afianzar cualquier experiencia vivida es compartirla con otras personas. Compartir la fe nos ayuda a crecer en nuestro compromiso cristiano, y nos desafía a vivir esa fe de tal manera que nuestra vida hable por sí sola».

«La iglesia no crece por la predicación de los apóstoles, pastores y teólogos, sino a través de todos los cristianos que deciden compartir su fe».

«La obra es de Dios. Él obra con nosotros, sin nosotros o a pesar de nosotros».

Hoy comenzamos el último capítulo de esta cuarta fase acerca del llamado a alumbrar al mundo. Hasta aquí hemos reflexionado acerca del mandato cultural que incluye servir en la iglesia ejerciendo los dones que Dios nos ha concedido, pero también fuera de la iglesia, ayudando a los más necesitados, comprometiéndonos en nuestro contexto, en nuestro trabajo y en la sociedad, poniendo en práctica la fe como una parte esencial de nuestra vida.

Pero todavía nos falta una parte muy importante de nuestro llamado a alumbrar al mundo. Nuestros amigos, colegas y vecinos necesitan a Dios, y la estrategia general que Dios ha diseñado para llegar a ellos es usarnos a nosotros, los cristianos, para que compartamos la fe con valentía y humildad.

En una fase anterior ya mencionamos esta declaración de John Stott: «No todo cristiano ha sido llamado a ser pastor o misionero, pero el llamado de todo cristiano implica ser un testigo de Jesucristo»[29]. Más allá

---
29. Stott, p. 219.

de la función que tengamos, todos los cristianos recibimos la tarea que nos encomendó el Jesús resucitado en lo que llamamos la Gran Comisión: «Toda autoridad me ha sido dada en el cielo y en la tierra. Por tanto, vayan y hagan discípulos en todas las naciones, y bautícenlos en el nombre del Padre, y del Hijo, y del Espíritu Santo. Enséñenles a cumplir todas las cosas que les he mandado. Y yo estaré con ustedes todos los días, hasta el fin del mundo» (Mt 28:18-20).

Compartir la fe

Es interesante que, junto con ser una forma de servir a otros, compartir la fe nos hace bien a nosotros mismos, ejercitando nuestra fe, poniéndola a prueba y dependiendo de la obra del Espíritu Santo. Una de las mejores maneras de afianzar cualquier experiencia vivida es compartirla con otras personas. Compartir la fe nos ayuda a crecer en nuestro compromiso cristiano, y nos desafía a vivir esa fe de tal manera que nuestra vida hable por sí sola.

Algunas personas podrían decir: «Todavía tengo muchas cosas que aprender», o «Mi vida no es como debiera ser». Otros pueden pensar que compartir la fe es invadir la vida personal de los demás y tratar de imponer nuestra religión. Entonces prefieren no hablar de religión para no incomodar a nadie. Vamos a reflexionar un poco sobre estos argumentos:

1) *«Yo soy una persona común y corriente, todavía tengo mucho que aprender»*. Leamos lo que pasó en la iglesia primitiva. Hechos 8:1 dice: «Saulo estuvo de acuerdo con la muerte de Esteban, y ese día se desató una gran persecución contra la iglesia que estaba en Jerusalén, y muchos se dispersaron por las tierras de Judea y de Samaria, menos los apóstoles». Notemos bien… los apóstoles se quedaron en Jerusalén, pero los demás cristianos fueron dispersados. ¿Qué hicieron estos cristianos perseguidos cuando tuvieron que dejar todo de golpe? ¿Dejaron atrás su fe? ¿Esperaron que vinieran los apóstoles para seguir predicando el evangelio? No. «Los que se habían dispersado iban por todas partes anunciando el evangelio» (Hch 8:4). ¿No es interesante esto?

Así pasó muchas veces en la historia de la iglesia. La iglesia no crece por la predicación de los apóstoles, pastores y teólogos, sino a través de todos los cristianos que deciden compartir su fe. Puede ser que no tengas todas las respuestas a preguntas que las personas puedan plantearte, pero ¿crees que algún día en esta vida tendrás todas esas respuestas? Nuestro desafío como cristianos es compartir lo mucho o lo poco que hayamos aprendido y seguir buscando de Dios las respuestas que todavía no encontramos.

2) *«No me parece ético imponer mi religión sobre otras personas»*. Es muy importante entender que la evangelización no es proselitismo invasivo, ni mucho menos intentar imponer la fe sobre las personas. En realidad, la Biblia nunca nos manda a convencer, ni forzar la fe de nadie. La verdadera evangelización solamente implica compartir la fe, invitando a las personas a creer, pero sin forzar a nadie ni imponer nada. Además, no debemos confundir la fe con una institución religiosa. La Biblia no habla de una religión; Dios nos envía a compartir nuestra fe e invitar a las personas a comenzar una relación con Jesucristo.

3) *«Sería un hipócrita... ¿cómo puedo ayudar a otros si mi vida está lejos de ser perfecta?»*. De hecho, sería al revés... si piensas que eres perfecto, ¡sería mejor que no intentaras compartir la fe! Seguramente es verdad que Dios todavía tiene que trabajar en varios aspectos de tu vida. Lo mismo nos pasa a todos los cristianos. Es importante recordar que el mensaje que Dios nos manda a compartir no es que ya hemos llegado a ser perfectos, sino justamente lo contrario... que aun siendo pecadores, Él nos perdona, nos quita el sentimiento de culpa y nos permite vivir con mayor libertad. Alguien lo dijo así alguna vez: «La evangelización es como un mendigo que le dice a otro mendigo donde encontrar pan».

4) *«En realidad, me muero de vergüenza»*. Leamos cómo respondió Moisés cuando Dios lo envió a liberar a su pueblo. Moisés le dijo: «¡Ay, Señor! ¡Por favor, envía a otro!» (Éx 4:13). Y Jeremías dijo algo parecido: «¡Ay, Señor! ¡Ay, Señor! ¡Date cuenta de que no sé hablar! ¡No soy más que un muchachito!» (Jer 1:6). Pero Dios nos dice a todos lo que le dijo a Pablo: «Con mi gracia tienes más que suficiente, porque mi poder se perfecciona en la debilidad» (2Co 12:9). Tenemos que creer que Dios nos dio todo lo que necesitamos para cumplir lo que nos pide. Lo importante es estar dispuestos y prepararnos para compartir la fe de la mejor forma posible.

| **Tiempo de diálogo** |

¿Cómo suele percibirse en tu cultura que las personas compartan su fe?

¿Cómo impacta tu relación con Dios y el llamado a evangelizar?

¿De qué manera el amor al prójimo afecta la evangelización?

Distintas posturas acerca de la evangelización

El mayor desafío para compartir la fe es tener la actitud y la decisión de vivir naturalmente la fe en las relaciones cotidianas de nuestra vida. La evangelización no es un programa o evento, sino algo que hacemos en nuestras actividades diarias. Hay varias posturas e ideas acerca de la evangelización, y Dios puede sembrar la fe en las personas de la forma que quiera. Sin embargo, lo mejor es que cada uno de nosotros encuentre la manera más natural de compartir la fe con las personas a su alrededor.

El objetivo de la evangelización relacional es promover que las personas lleguen al arrepentimiento y la fe en Jesucristo como parte de un proceso, no necesariamente en una sola conversación acerca de temas religiosos. Creemos que Dios está activo **haciendo** su obra en la otra persona. Como dijimos en el capítulo 5, el énfasis del cristiano no está en convencer a nadie, sino en **compartir** su vida y su fe, y esperar con expectativa a ver lo que Dios haga. No es conveniente que nuestras conversaciones acerca de la fe que tengamos con nuestros amigos caigan en una confrontación. Será mucho mejor que nuestras palabras estén llenas de amor y sean dichas con mucha paciencia, valorando los pequeños avances logrados.

Alguno podría preguntar: «¿No es la iglesia la que debe evangelizar?». Es una pregunta engañosa. La respuesta es sí y no. Dado que todos los cristianos en conjunto somos la iglesia, la respuesta es sí… todos nosotros debemos evangelizar. Pero la iglesia como comunidad de fe debe proveer el contexto para que todas las personas se sientan bienvenidas y puedan experimentar una relación progresiva y creciente con Dios.

Elementos fundamentales de la evangelización relacional

Estos cuatro elementos se entrelazan para ir guiando a las personas en su proceso hacia una relación verdadera con Dios por medio de Jesucristo.

1) Las relaciones. Todos estamos conectados con otras personas. Algunas conexiones son la familia, las amistades, las relaciones de trabajo, los vecinos, etc. Tus relaciones son la clave para la evangelización. Las personas están más dispuestas a escucharte porque ya tienen cierta relación contigo. Gran parte de tu desafío es desarrollar y profundizar esa relación para que en ese contexto se vayan presentando oportunidades para guiar a esas personas en su proceso de acercamiento a Dios.

2) El testimonio. A veces puede parecer más fácil ir a un lugar lejano a hablar de Cristo donde nadie te conozca, en vez de comenzar en tu propia casa donde saben de tu mal carácter o tus luchas. El testimonio es fundamental en la evangelización. La gente se debe sentir motivada a acercase a Cristo al considerar la realidad de su obra en tu vida diaria. No hace falta que seas perfecto, pero sí es importante que seas humilde y permitas que el Espíritu Santo trabaje en tu vida.

3) La oración. La oración por la persona con quien estás compartiendo tu fe debe ser parte esencial de tu evangelización. Como hemos dicho, lo que finalmente marca la diferencia en la vida de una persona es la obra de Dios en su corazón; por eso debemos pedir constantemente la intervención divina.

4) El evangelio. El mensaje del evangelio debe estar presente con claridad en tu conversación con las personas con quienes quieres compartir la fe. Debes intentar comunicar las buenas noticias partiendo de las oportunidades naturales que se presenten en tu caminar con la persona con quien estás desarrollando una relación. Necesitamos pedir a Dios que nos conceda sabiduría para llevar la conversación hacia el mensaje central del evangelio, explicando con claridad que Jesucristo fue a la cruz para reconciliarnos con Dios. La evangelización no es sólo llevar personas a la iglesia, sino llevarlas a Cristo.

Consejos prácticos para evangelizar

1. Cuida tu relación con Dios y tu ejemplo de vida. Una persona que tiene verdadera intimidad con Dios no necesita publicarla, porque se le nota a la distancia. Si has estado muy cerca de Dios, los que te rodean lo notarán y querrán saber acerca de Él. Por lo tanto, busca esa intimidad con Dios no sólo como una obligación, sino como el mayor placer en tu vida. Pero además, cuida tu testimonio intentando ser cada vez más parecido a Jesús.

2. Ora por tus amigos e invierte tiempo en ellos. El evangelismo relacional demanda inversión de tiempo para orar por la otra persona y pasar tiempo con ella. Se trata de desarrollar una relación genuina con el fin de crear un contexto en el que el Espíritu Santo haga su obra progresiva. Por eso, interésate en verdad por las personas; interésate en sus lágrimas y risas, en sus éxitos y fracasos, en sus fortalezas y debilidades.

3. Comparte el mensaje aprovechando las oportunidades naturales. El evangelismo relacional no toma las oportunidades por la fuerza. Es paciente y espera el mejor momento para hablar acerca de la fe. Dios provee esas oportunidades de manera natural en los acontecimientos cotidianos de la relación. Pide a Dios sabiduría para identificar el momento esperado y para que lo aproveches siendo dirigido por el Espíritu Santo.

4. Sé genuino y humilde. No hables como si ya fueras perfecto. No digas «Cristo me transformó» como si hubiera sido algo necesario sólo en el pasado. Tú también estás todavía en el proceso de ser santificado, todavía flaqueas, a veces dudas y caes. Reconoce sinceramente tus debilidades y tus luchas. No eres mejor que los demás. Lo único que hace la diferencia es la gracia de Dios en tu vida. Comparte esa gracia con humildad.

5. Invita a tus amigos a encuentros con otros cristianos. Dios usa poderosamente a la comunidad de fe para atraer al no creyente. Por eso, no desaproveches la oportunidad de poner en contacto a tus amigos con otros amigos de la iglesia. Debemos ser intencionales en crear ambientes donde nuestros amigos no creyentes se sientan cómodos y puedan tener la oportunidad de explorar en qué consiste ser parte de una comunidad cristiana.

6. Confía en que Dios está obrando. La evangelización no se trata principalmente de tu habilidad como predicador ni de tu esfuerzo. No te angusties por tu inexperiencia, tus debilidades o tu falta de capacidad. Tampoco te engrandezcas por la elocuencia de tus palabras y la grandeza de tus acciones. La obra es de Dios. Él obra con nosotros, sin nosotros o a pesar de nosotros.

| **Tiempo de diálogo** |

¿Qué sientes frente al desafío de compartir tu fe?

¿Qué obstáculos piensas que enfrentas al compartir tu fe?

¿De qué manera podrías combatir esos obstáculos y comenzar hoy mismo a compartir tu fe?

| CONCLUSIÓN Y DESAFÍO FINAL |

Hemos recorrido juntos un largo camino. Fueron varias semanas de compartir reflexiones, vivencias y desafíos. Esperamos que al concluir este plan de crecimiento en la fe puedas mirar hacia atrás y descubrir que tu fe ha crecido de alguna manera.

Tal vez puedas desilusionarte al leer que no habrá un acto de graduación que te certifique como discípulo calificado. La razón es sencilla... tu camino como discípulo de Jesús no ha terminado. Idealmente serás ahora un discípulo más maduro, pero sin duda no has terminado la carrera... ¡a menos que ya no estés respirando! La realidad es que seremos discípulos de Jesús de por vida, y nuestro desafío de seguir creciendo en la fe será permanente. Lo último que nos queda en este camino es poner en práctica la manera perfecta que diseñó Dios para que sigamos madurando como discípulos de Jesús.

Lo último que compartimos hoy fue el desafío a compartir la fe. La evangelización implica animar a nuestros conocidos para que se acerquen a Dios, escuchen el evangelio y exploren lo que significa vivir con Jesús. Pero el encargo que recibimos en la Gran Comisión no es solo evangelizar, sino hacer discípulos acompañándolos en su camino de fe hasta que lleguen a ser cristianos maduros preparados para a su vez hacer nuevos discípulos.

La tarea de hacer discípulos implica un compromiso muy importante ya que incluye dedicar tiempo, invertir energía, compartir alegrías pero también tristezas, caminando juntos en el camino de Dios. Algunos podrían decir: «Ya me considero un discípulo de Jesús, pero no creo estar listo para hacer discípulos». En realidad, el hecho de hacer discípulos no implica que ya no necesitemos considerarnos discípulos de Jesús. Al contrario, todo buen maestro cristiano sigue siendo un fiel discípulo de Jesús. Pablo lo explica claramente: «No es que ya lo haya alcanzado, ni que ya sea perfecto, sino que sigo adelante, por ver si logro alcanzar aquello para lo cual fui también alcanzado por Cristo Jesús… ¡prosigo a la meta, al premio del supremo llamamiento de Dios en Cristo Jesús!» (Fil 3:12-14).

Hacer discípulos es permitir que otra persona camine a nuestro lado mientras ponemos en práctica la fe en nuestra vida, experimentando nuestra necesidad del Salvador. Además, la buena noticia es que el Espíritu Santo nos acompaña en este desafío. No estamos solos en la tarea. Dios mismo prometió su presencia hasta el fin de los tiempos.

Por tanto, como desafío final de este plan y como la intención de Dios para tu crecimiento permanente, te proponemos que te prepares para guiar a una persona en este mismo plan, mientras caminas nuevamente tú mismo a lo largo de estas páginas, pero esta vez con un nuevo acompañante. Será una gran experiencia… y sí podrás decir con alegría y satisfacción: «Estoy cumpliendo la Gran Comisión».

Finalmente, al igual que en las fases anteriores, te animamos a reunirte con tu pastor o equipo de liderazgo para compartir tus reflexiones y experiencias al hacer esta última fase. De esta manera, podemos intercambiar dudas, enriquecernos mutuamente, y afianzar lo que hemos experimentado.

| ÍNDICE DE CITAS BÍBLICAS |

ANTIGUO TESTAMENTO

Génesis

Génesis 1:27-28 | Fase III - Cap. 13 126
Génesis 1:28 | Fase III - Cap. 14 132
Génesis 1:28 | Fase IV - Cap. 16 154
Génesis 2 | Fase III - Cap. 13 126
Génesis 2:15 | Fase IV - Cap. 19 175
Génesis 2:24 | Fase III - Cap. 12 122
Génesis 2:24 | Fase III - Cap. 13 125
Génesis 3 | Fase III - Cap. 13 126
Génesis 3:17-19 | Fase IV - Cap. 19 175
Génesis 9:1 | Fase III - Cap. 14 132
Génesis 10 | Fase III - Cap. 14 132
Génesis 11 | Fase III - Cap. 14 132
Génesis 12:3 | Fase III - Cap. 14 133

Éxodo

Éxodo 4:13 | Fase IV - Cap. 20 183
Éxodo 20:14 | Fase III - Cap. 13 126
Éxodo 34:14 | Fase II - Cap. 6 69

Levítico

Levítico 19:11-18 | Fase III - Cap. 11 114
Levítico 19:18 | Fase II - Cap. 6 66

Deuteronomio

Deuteronomio 6:5 | Fase II - Cap. 6 66
Deuteronomio 8:17-18 | Fase II - Cap. 7 76
Deuteronomio 14:22 | Fase II - Cap. 8 86

1 Samuel

1 Samuel 8:5 | Fase IV - Cap. 19 179
1 Samuel 8:7, 9 | Fase IV - Cap. 19 179
1 Samuel 16:7 | Fase I - Cap. 1 12

2 Crónicas

2 Crónicas 33:1-6 | Fase II - Cap. 6 69

Eclesiastés

Eclesiastés 4:12 | Fase III - Cap. 13 126

Salmos

Salmo 8:6 | Fase IV - Cap. 16 154
Salmo 24:1 | Fase II - Cap. 8 82
Salmo 32:9 | Fase II - Cap. 7 71
Salmo 90:12 | Fase II - Cap. 7 77

Proverbios

Proverbios 6:32 | Fase III - Cap. 13 127
Proverbios 18:24 | Fase III - Cap. 12 120

Jeremías

Jeremías 1:6 | Fase IV - Cap. 20 183
Jeremías 29:4-7 | Fase I - Cap. 5 53
Jeremías 29:4-7 | Fase IV - Cap. 16 156

Lamentaciones

Lamentaciones 3:23 | Fase II - Cap. 7 80

NUEVO TESTAMENTO

Mateo

Mateo 5:14 | Fase I - Cap. 1 15
Mateo 5:14 | Fase IV - Cap. 16 149
Mateo 5:14-16 | Fase I - Cap. 5 55
Mateo 5:14-16 | Fase IV - Cap. 19 174
Mateo 5:27-30 | Fase III - Cap. 13 127
Mateo 5:43-48 | Fase III - Cap. 15 143
Mateo 6:10 | Fase IV - Cap. 16 155
Mateo 6:19-21 | Fase II - Cap. 8 88
Mateo 6:21 | Fase II - Cap. 7 77
Mateo 6:25, 33 | Fase II - Cap. 6 70
Mateo 7:12 | Fase I - Cap. 4 44
Mateo 7:12 | Fase III - Cap. 11 115
Mateo 7:12 | Fase III - Cap. 12 120
Mateo 16:13-16 | Fase I - Cap. 2 28
Mateo 16:18 | Fase I - Cap. 4 42
Mateo 18:21-22 | Fase III - Cap. 11 117
Mateo 18:23-35 | Fase III - Cap. 11 116
Mateo 20:28 | Fase II - Cap. 10 104
Mateo 22:39 | Fase I - Cap. 4 43
Mateo 23:25-26 | Fase I - Cap. 1 11
Mateo 24:14 | Fase III - Cap. 14 134
Mateo 25:14-30 | Fase II - Cap. 8 82
Mateo 25:21 | Fase II - Cap. 8 83
Mateo 25:34-40 | Fase I - Cap. 5 53
Mateo 28:18-20 | Fase IV - Cap. 20 182
Mateo 28:19 | Fase III - Cap. 14 134
Mateo 28:19 | Fase IV - Cap. 16 153
Mateo 28:19-20 | Fase I - Cap. 5 54

Marcos

Marcos 1:35 | Fase I - Cap. 3 36
Marcos 3:14 | Fase I - Cap. 1 12
Marcos 3:5 | Fase II - Cap. 6 66
Marcos 6:52 | Fase II - Cap. 7 73
Marcos 8:34 | Fase II - Cap. 7 79
Marcos 10:45 | Fase IV - Cap. 16 151
Marcos 11:17 | Fase III - Cap. 14 134
Marcos 12:28-31 | Fase I - Cap. 4 41
Marcos 12:28-31 | Fase III - Cap. 11 113
Marcos 12:29 | Fase II - Cap. 6 65
Marcos 12:30 | Fase I - Cap. 1 56
Marcos 12:30 | Fase II - Cap. 6 68
Marcos 12:30 | Fase II - Cap. 7 71
Marcos 12:31 | Fase I - Cap. 1 56
Marcos 12:31 | Fase III - Cap. 11 113
Marcos 14:60-64 | Fase I - Cap. 1 23

Lucas

Lucas 3:10-11 | Fase I - Cap. 5 53
Lucas 4:14-30 | Fase III - Cap. 14 133
Lucas 10:30-37 | Fase I - Cap. 4 45
Lucas 11:1 | Fase I - Cap. 3 37
Lucas 11:42 | Fase II - Cap. 8 86
Lucas 16:13 | Fase II - Cap. 8 87

Juan

Juan 3:16-17 | Fase I - Cap. 2 31
Juan 3:16-17 | Fase II - Cap. 7 76
Juan 5:17 | Fase IV - Cap. 19 175
Juan 8:30-32 | Fase I - Cap. 1 19
Juan 10:10 | Fase I - Cap. 2 30
Juan 13:15-17 | Fase I - Cap. 2 30
Juan 13:34 | Fase III - Cap. 15 139
Juan 14:6 | Fase I - Cap. 1 23
Juan 14:6 | Fase II - Cap. 6 69
Juan 15:13 | Fase III - Cap. 12 120
Juan 17:14-18 | Fase IV - Cap. 16 153
Juan 17:20-23 | Fase I - Cap. 4 43
Juan 20:22 | Fase II - Cap. 6 68

Hechos

Hechos 1:6 | Fase IV - Cap. 19 180
Hechos 1:7-8 | Fase IV - Cap. 19 180
Hechos 2:1-11 | Fase III - Cap. 14 135
Hechos 2:38-39 | Fase II - Cap. 10 103
Hechos 2:43-47 | Fase I - Cap. 4 43
Hechos 2:46 | Fase I - Cap. 3 37
Hechos 4:32-35 | Fase IV - Cap. 18 166
Hechos 5:29 | Fase IV - Cap. 19 179

Índice de citas bíblicas | 193

Hechos 8:1 | Fase IV - Cap. 20 182
Hechos 8:36-38 | Fase II - Cap. 10 103
Hechos 8:4 | Fase IV - Cap. 20 182
Hechos 10:28 | Fase III - Cap. 14 135
Hechos 10:34-35 | Fase III - Cap. 14 135
Hechos 13:22 | Fase I - Cap. 1 12
Hechos 16:30-34 | Fase III - Cap. 13 130
Hechos 17:16 | Fase II - Cap. 6 69
Hechos 17:22-23 | Fase II - Cap. 6 69
Hechos 17:26 | Fase III - Cap. 14 135
Hechos 20:35 | Fase II - Cap. 8 86
Hechos 20:35 | Fase IV - Cap. 18 167
Hechos 22:10 | Fase II - Cap. 7 78

Romanos

Romanos 3:22-23 | Fase I - Cap. 2 29
Romanos 5:10 | Fase III - Cap. 15 145
Romanos 5:12 | Fase I - Cap. 2 29
Romanos 5:6-8 | Fase III - Cap. 15 144
Romanos 5:8 | Fase III - Cap. 12 132
Romanos 6:11-12 | Fase II - Cap. 9 93
Romanos 6:6-7 | Fase II - Cap. 9 92
Romanos 8:18-23 | Fase IV - Cap. 16 157
Romanos 12:2 | Fase I - Cap. 1 13
Romanos 12:2 | Fase II - Cap. 7 73
Romanos 12:2 | Fase II - Cap. 9 95
Romanos 12:3-5 | Fase IV - Cap. 17 160
Romanos 12:6-8 | Fase IV - Cap. 17 162
Romanos 12:9-21 | Fase III - Cap. 15 145
Romanos 13:1-2 | Fase IV - Cap. 19 178
Romanos 15:26-27 | Fase IV - Cap. 18 166

1 Corintios

1 Corintios 4:2 | Fase II - Cap. 8 82
1 Corintios 6:12 | Fase II - Cap. 8 83
1 Corintios 6:15 | Fase II - Cap. 8 84
1 Corintios 6:18-20 | Fase III - Cap. 12 123
1 Corintios 6:20 | Fase II - Cap. 8 84
1 Corintios 10:14 | Fase II - Cap. 6 70
1 Corintios 10:31 | Fase I - Cap. 1 15
1 Corintios 10:31 | Fase II - Cap. 8 84
1 Corintios 10:31 | Fase III - Cap. 13 126
1 Corintios 11:1 | Fase II - Cap. 10 104
1 Corintios 12:27 | Fase I - Cap. 5 51
1 Corintios 12:4, 11 | Fase I - Cap. 5 51
1 Corintios 12:4-6, 12 | Fase IV - Cap. 17 161
1 Corintios 12:8-11, 28 | Fase IV - Cap. 17 .. 162
1 Corintios 13:4-7 | Fase III - Cap. 12 123

2 Corintios

2 Corintios 3:2-3 | Fase II - Cap. 10 105
2 Corintios 5:17 | Fase II - Cap. 9 95
2 Corintios 5:19 | Fase I - Cap. 2 29
2 Corintios 7:1 | Fase II - Cap. 8 84
2 Corintios 7:10 | Fase II - Cap. 6 67
2 Corintios 8:2-5 | Fase II - Cap. 8 87
2 Corintios 9:6-7 | Fase II - Cap. 8 87
2 Corintios 9:7 | Fase IV - Cap. 18 168
2 Corintios 12:9 | Fase II - Cap. 6 69
2 Corintios 12:9 | Fase IV - Cap. 20 183

Gálatas

Gálatas 2:10 | Fase IV - Cap. 18 167
Gálatas 3:28 | Fase III - Cap. 14 136
Gálatas 5:14 | Fase II - Cap. 10 98
Gálatas 5:22-25 | Fase II - Cap. 10 98

Efesios

Efesios 2:14-19 | Fase III - Cap. 14 136
Efesios 2:19 | Fase IV - Cap. 19 178
Efesios 2:3 | Fase II - Cap. 9 93
Efesios 2:8-10 | Fase I - Cap. 5 50
Efesios 2:8-9 | Fase III - Cap. 11 115
Efesios 4:11 | Fase IV - Cap. 17 163
Efesios 4:12-13 | Fase III - Cap. 15 141
Efesios 4:1-3 | Fase III - Cap. 15 140
Efesios 4:17 | Fase II - Cap. 9 90
Efesios 4:1-7 | Fase IV - Cap. 17 161
Efesios 4:22-24 | Fase II - Cap. 9 90
Efesios 4:26-27 | Fase II - Cap. 6 67
Efesios 4:28 | Fase IV - Cap. 19 176
Efesios 4:3-13 | Fase I - Cap. 4 43

Efesios 4:31-32 | Fase II - Cap. 6 67
Efesios 5:1 | Fase II - Cap. 10 104
Efesios 5:15-16 | Fase II - Cap. 7 77
Efesios 5:18 | Fase II - Cap. 6 70
Efesios 5:21-25 | Fase III - Cap. 13 127
Efesios 6:11 | Fase II - Cap. 9 91
Efesios 6:1-4 | Fase III - Cap. 13 129
Efesios 6:7 | Fase IV - Cap. 19 177
Efesios 6:9 | Fase IV - Cap. 18 170

Filipenses
Filipenses 1:6 | Fase II - Cap. 9 95
Filipenses 1:11 | Fase I - Cap. 1 14
Filipenses 1:21-24 | Fase IV - Cap. 16 157
Filipenses 2:9-11 | Fase III - Cap. 14 136
Filipenses 3:12-14 | Fase IV - Cap. 20 190

Colosenses
Colosenses 2:11-12 | Fase II - Cap. 10 102
Colosenses 3:12-17 | Fase I - Cap. 4 46
Colosenses 3:16-17 | Fase I - Cap. 3 37
Colosenses 3:22-24 | Fase IV - Cap. 19 176
Colosenses 3:23-24 | Fase II - Cap. 8 83

1 Tesalonicenses
1 Tesalonicenses 1:6-8 | Fase II - Cap. 10 ... 105
1 Tesalonicenses 5:17 | Fase I - Cap. 3 36

2 Tesalonicenses
2 Tesalonicenses 3:10 | Fase IV - Cap. 19 ... 176
2 Tesalonicenses 3:12-13 | Fase IV - Cap. 19 .. 176

1 Timoteo
1 Timoteo 2:4 | Fase II - Cap. 6 69
1 Timoteo 6:10 | Fase II - Cap. 8 85

2 Timoteo
2 Timoteo 1:7 | Fase I - Cap. 1 13
2 Timoteo 2:2 | Fase II - Cap. 10 105
2 Timoteo 4:17 | Fase II - Cap. 7 76

Tito
Tito 2:13 | Fase I - Cap. 1 23
Tito 3:8 | Fase I - Cap. 5 50

Hebreos
Hebreos 6:10 | Fase I - Cap. 5 52
Hebreos 10:25 | Fase I - Cap. 3 38
Hebreos 11:13 | Fase IV - Cap. 19 178
Hebreos 12:2 | Fase II - Cap. 6 65
Hebreos 13:4 | Fase III - Cap. 13 127

Santiago
Santiago 1:13-14 | Fase II - Cap. 9 92
Santiago 1:22 | Fase I - Cap. 1 14
Santiago 2:14-18 | Fase I - Cap. 5 51
Santiago 2:19 | Fase I - Cap. 1 19
Santiago 4:17 | Fase II - Cap. 9 92
Santiago 4:7 | Fase II - Cap. 9 91
Santiago 5:16 | Fase II - Cap. 9 94

1 Pedro
1 Pedro 2:2 | Fase I - Cap. 3 34
1 Pedro 2:21 | Fase I - Cap. 2 30
1 Pedro 3:15 | Fase II - Cap. 7 72
1 Pedro 4:10 | Fase II - Cap. 8 82
1 Pedro 4:10-11 | Fase IV - Cap. 17 163
1 Pedro 5:8 | Fase II - Cap. 9 91

1 Juan
1 Juan 1:8 | Fase I - Cap. 2 29
1 Juan 3:2 | Fase II - Cap. 10 104
1 Juan 3:17-18 | Fase IV - Cap. 18 165
1 Juan 4:4 | Fase II - Cap. 9 91
1 Juan 4:7-8 | Fase III - Cap. 11 114
1 Juan 4:11-12 | Fase III - Cap. 11 118
1 Juan 4:14 | Fase I - Cap. 2 29
1 Juan 4:20 | Fase I - Cap. 1 14
1 Juan 4:20 | Fase III - Cap. 11 114
1 Juan 4:20-21 | Fase I - Cap. 4 44

3 Juan
3 Juan 2 | Fase II - Cap. 8 83

Apocalipsis
Apocalipsis 3:14-16 | Fase II - Cap. 7 74
Apocalipsis 3:17-18 | Fase IV - Cap. 18 171
Apocalipsis 3:20 | Fase I - Cap. 3 34
Apocalipsis 3:20 | Fase II - Cap. 7 79
Apocalipsis 5:9 | Fase III - Cap. 14 132
Apocalipsis 7:9 | Fase I - Cap. 1 14
Apocalipsis 7:9 | Fase III - Cap. 14 132

| ÍNDICE TEMÁTICO |

Administración sana | Fase II - Cap. 8 | 86
Adoración comunitaria | Fase I - Cap. 3 | 37
Adorar a Dios | Fase II | 61
Alimentación | Fase II - Cap. 8 | 83
Alumbrar al mundo | Fase IV | 149
Amar a Dios con el alma | Fase II - Cap. 6 | 68
Amar a Dios con el corazón | Fase II - Cap. 6 | 66
Amar a Dios con la mente | Fase II - Cap. 7 | 71
Amar a Dios con las fuerzas | Fase II - Cap. 7 | 74
Amar al prójimo | Fase III | 111
Amistades | Fase III - Cap. 12 | 119
Amor al enemigo | Fase III - Cap. 15 | 142
Amor, distintos tipos de | Fase III - Cap. 12 | 123
Aprender a perdonar | Fase III - Cap. 11 | 116
Áreas de reflexión | Fase I - Cap. 1 | 12
Arrepentimiento | Fase II - Cap. 9 | 93

Bautismo | Fase II - Cap. 10 | 102

Ciudad, buscar su bien | Fase IV - Cap. 16 | 155
Clases sociales | Fase IV - Cap. 18 | 170
Compartir la fe | Fase I - Cap. 5 | 54
Compartir la fe | Fase IV - Cap. 20 | 181
Compromiso con la sociedad | Fase I - Cap. 5 | 52
Comunidad de fe | Fase III - Cap. 15 | 139
Confesión | Fase II - Cap. 9 | 93
Conversión | Fase II - Cap. 9 | 93
Creación | Fase IV - Cap. 16 | 156
Crecimiento espiritual | Fase I - Cap. 1 | 12

Desafío a la acción | Fase I - Cap. 1 | 14
Desafío contracultural | Fase III - Cap. 15 | 142
Desafío multicultural | Fase III - Cap. 14 | 131
Devoción personal | Fase I - Cap. 3 | 33
Diablo | Fase II - Cap. 9 | 91
Diversidad cultural | Fase III - Cap. 14 | 133
Dones | Fase IV - Cap. 17 | 162
Dones, diversidad | Fase IV - Cap. 17 | 160

Economía | Fase II - Cap. 8 | 85
Ejercicio físico | Fase II - Cap. 8 | 83
Energía | Fase II - Cap. 7 | 76
Espíritu, fruto del | Fase II - Cap. 10 | 98
Evangelio | Fase I - Cap. 1 | 19
Evangelización relacional | Fase IV - Cap. 20 | 185
Evangelizar | Fase IV - Cap. 20 | 185

Familia | Fase III - Cap. 13 | 125
Fe y buenas obras | Fase I - Cap. 5 | 50
Fe y trabajo | Fase IV - Cap. 19 | 173
Fidelidad a Dios | Fase II - Cap. 10 | 100
Fruto del Espíritu | Fase II - Cap. 10 | 98

Generosidad | Fase II - Cap. 8 | 86
Gracia de Dios | Fase III - Cap. 11 | 115
Gran Comisión | Fase I - Cap. 5 | 54

Hacer discípulos | Fase IV - Cap. 20 | 181
Historicidad de la Biblia | Fase I - Cap. 1 | 21

Idolatría | Fase II - Cap. 6 | 69
Iglesia, ¿para qué existe? | Fase I - Cap. 4 | 42
Iglesia, familia de fe | Fase III - Cap. 15 | 140
Iglesia, membresía en | Fase III - Cap. 15 | 141
Iglesia, participación en | Fase III - Cap. 15 | 141
Iglesia, unidad de | Fase IV - Cap. 17 | 160
Imitar a Jesús | Fase II - Cap. 10 | 104
Indefensos, compromiso con | Fase IV - Cap. 18 | 165
Inteligencia cultural | Fase I - Cap. 1 | 14

Jesús reconcilia con Dios | Fase I - Cap. 2 | 28
Jesús ejemplo de vida | Fase I - Cap. 2 | 29
Jesús promete vida plena | Fase I - Cap. 2 | 30
Jesús, ¿quién es? | Fase I - Cap. 1 | 23
Jesús, centro de tu vida | Fase II - Cap. 7 | 78
Jesús, Señor y Salvador | Fase I - Cap. 2 | 27

Lucha contra el mal | Fase II - Cap. 9 | 89
Lucha espiritual | Fase II - Cap. 9 | 91
Luz del mundo | Fase IV | 149

Mandato cultural | Fase IV - Cap. 16 | 153
Matrimonio | Fase III - Cap. 13 | 125
Mayordomía de la salud | Fase II - Cap. 8 | 83
Mayordomía del tiempo | Fase II - Cap. 7 | 76
Mayordomía financiera | Fase II - Cap. 8 | 85
Meditación | Fase I - Cap. 3 | 34
Membresía en iglesia | Fase III - Cap. 15 | 141
Misión integral | Fase IV - Cap. 18 | 168
Multicultural, desafío | Fase III - Cap. 14 | 131

Noviazgo | Fase III - Cap. 12 | 121
Nuestro yo | Fase II - Cap. 9 | 92

Oración | Fase I - Cap. 3 | 36

Pecado | Fase II - Cap. 9 | 92
Perdón de Dios | Fase III - Cap. 11 | 115
Pobres | Fase IV - Cap. 18 | 166
Política | Fase IV - Cap. 19 | 179

Propósito original de Dios | Fase IV - Cap. 16 | 155
Protección ambiental | Fase IV - Cap. 16 | 157

Redimir la creación | Fase IV - Cap. 16 | 156
Regla de oro | Fase I - Cap. 4 | 44
Reino de Dios | Fase IV - Cap. 16 | 154
Relaciones personales | Fase III - Cap. 11 | 113
Renovación de la mente | Fase I - Cap. 1 | 13

Sacramentos | Fase II - Cap. 10 | 101
Salud, cuidado de | Fase II - Cap. 8 | 83
Santa Cena | Fase II - Cap. 10 | 103
Santificación | Fase II - Cap. 9 | 94
Señorío de Cristo | Fase II - Cap. 9 | 94
Ser antes que hacer | Fase I - Cap. 1 | 19
Servir en la iglesia | Fase I - Cap. 5 | 52
Servir en la iglesia | Fase IV - Cap. 17 | 163
Sociedad | Fase IV - Cap. 19 | 178
Solidaridad | Fase IV - Cap. 18 | 167

Talentos | Fase IV - Cap. 17 | 160
Tentaciones | Fase II - Cap. 9 | 91
Teología de la liberación | Fase IV - Cap. 18 | 168
Teología de la prosperidad | Fase IV - Cap. 18 | 168
Tiempo, administración del | Fase II - Cap. 7 | 76
Trabajo y fe | Fase IV - Cap. 19 | 174
Transformación del carácter | Fase I - Cap. 1 | 13

Unidad de la iglesia | Fase I - Cap. 4 | 43
Unidad de la iglesia | Fase IV - Cap. 17 | 160

Vínculos de ayuda al prójimo | Fase I - Cap. 4 | 45
Vínculos saludables | Fase I - Cap. 1 | 13